Structure et dynamique de l'économie sénégalaise

Dernières parutions

chez L'Harmattan-Sénégal

(Catalogue en ligne sur harmattansenegal.com)

DIOUF Diéyi, *Dans la pénombre des demeures*, poèmes, collection « Rimes et prose », janvier 2013.

GUISSÉ Abdoulaye, *Les vertus de l'espoir*, poèmes, collection « Rimes et prose », janvier 2013.

NDIAYE Samba, *Les marrons glacés*, poèmes, collection « Rimes et prose », janvier 2013.

SOW Abdoul, *Ibrahima Seydou Ndaw 1890-1969. Essai d'histoire politique du Sénégal,* essai, janvier 2013.

GOUDIABY Pierre Atépa, *Oser. 12 propositions pour un Sénégal émergent,* essai, décembre 2012.

WADE El Hadji Madické, *El Hadji Momar Sourang. Un grand notable de Saint-Louis et fervent mouride*, Collection « Mémoires et Biographies », novembre 2012.

KÉBÉ Amadou, *Les réformes institutionnelles dans le secteur parapublic au Sénégal. Le cas du chemin de fer*, essai, novembre 2012.

BADIANE Louis Ange, *Mon chemin vers Dieu*, octobre 2012.

FALL Marouba, *Casseurs de solitude*, roman, « Nouvelles Lettres Sénégalaises », octobre 2012.

NDAW Aly Kheury, *Les Sénégalais de New-York*, essai, octobre 2012.

CAMARA Mame Famew, *Si loin, si près*, Poèmes, collection « Rimes et prose », septembre 2012.

DIARRA Malick, Le poème de Saint-Louis du Sénégal, L'île de Ndar, fiancée de son âme (869 - 1364 - 1659), septembre 2012

TRAORÉ Alain Édouard, *BURKINA FASO. Les opportunités d'un nouveau contrat social. Facteurs et réalités de la crise,* collection « *Zoom Sur* », septembre 2012.

ROQUENTIN Antoine, *Mes premiers regrets, Grands aphorismes et poèmes,* septembre 2012.

El Hadji Alioune Camara,
Latif Dramani, Ibrahima Thiam

Structure et dynamique de l'économie sénégalaise

Sénégal
L'Harmattan

« Villa rose », rue de Diourbel, Point E, DAKAR

http://www.librairieharmattan.com
diffusion.harmattan@wanadoo.fr
senharmattan@gmail.com

ISBN : 978-2-296-99555-0
EAN : 9782296995550

Sigle et abréviations

ACP :	Afrique Caraïbe Pacifique
ANSD :	Agence nationale de statistique et de la Démographie
ADIE :	Agence de l'Informatique de l'État
AGOA :	African Growth and Opportunity Act
APD :	Aide publique au développement
APIX :	Agence de promotion des investissements et des grands travaux
ARTP :	Agence de régulation des télécommunications et des postes
ARMP :	Agence de régulation des marchés publics
ASEPEX :	Agence sénégalaise de promotion des exportations
ASER :	Agence Nationale d'électrification rurale
BAD :	Banque africaine de développement
BCEAO :	Banque centrale des États de l'Afrique de l'Ouest
CDMT :	Cadre de dépense à moyen terme
CEPOD :	Centre d'études de politique pour le développement
CET :	Construction-exploitation-transfert d'infrastructures
CFA :	Communauté financière africaine
CICES :	Centre international du commerce extérieur du Sénégal
CPI :	Conseil présidentiel de l'investissement
DGD :	Direction générale de la Douane
DGID :	Direction générale des Impôts et Domaines
DSD :	Direction des stratégies de développement
DSRP:	Document stratégique de réduction de la pauvreté
EFE :	Entreprise franche d'exportation
EDMC :	Enquête sur les dépenses de ménages de la capitale
ESAM :	Enquête sénégalaise auprès des ménages
ESMU :	Enquête emploi sous-emploi et chômage en milieu urbain de Dakar
ESP :	Enquête sur les priorités

ESPS :	Enquête de suivi de la pauvreté au Sénégal
FAB :	Franco à bord
FBCF :	Formation brute de capital fixe
FOPROMEX :	Fonds de promotion des exportations
GOANA :	Grande offensive pour la nourriture et l'abondance
ICS :	Industries chimiques du Sénégal
IDE :	Investissements directs étrangers
NTIC :	Nouvelles technologies de l'information et de la communication
PDMAS :	Programme de développement des marchés agricoles du Sénégal
PIB :	Produit intérieur brut
PNUD :	Programme des Nations Unies pour le développement
PODES :	Plan d'orientation pour le développement économique et social
PPEA :	Projet de promotion des exportations agricoles
PPTE :	Pays pauvres très endettés
REVA :	Retour vers l'agriculture
RGPH :	Recensement général de la population et de l'habitat
RSM :	Rapport semestriel d'exécution de la surveillance multilatérale
SCA :	Stratégie de croissance accélérée
SENELEC :	Société nationale d'électricité
STRADEX :	Stratégie nationale de développement et de promotion des exportations sénégalaises
TEC :	Tarif extérieur commun
TVA :	Taxe sur la valeur ajoutée
UCSPE :	Unité de coordination et de suivi de la politique économique
UE :	Union européenne
UEMOA :	Union économique et monétaire ouest-africaine
US :	United States
VAB :	Valeur ajoutée brute
WDI :	World Development Indicators

INTRODUCTION

Depuis son indépendance en 1960, diverses stratégies visant à diminuer la dépendance externe ont été mises en place par les autorités sénégalaises. Des secteurs comme l'agriculture et l'élevage ont ainsi bénéficié d'un soutien des autorités, notamment par une politique de substitution aux importations. Les barrières tarifaires se sont considérablement accrues. Les autorités cherchaient en particulier le développement d'industries manufacturières. Mais cette politique n'a pas donné les résultats escomptés. En effet, même si plusieurs mesures d'accompagnement étaient mises en place par les autorités, cette politique d'industrialisation s'est très tôt confrontée à une absence de diversification de l'offre. De même, la croissance économique observée à cette époque ne s'est pas accompagnée de transformations structurelles en profondeur. L'économie sénégalaise est restée dominée par une agriculture traditionnelle, une main-d'œuvre peu qualifiée et donc fortement dépendante de l'environnement externe. Pour faire face à cette situation, le Sénégal et les pays de l'Union économique et monétaire ouest-africaine (UEMOA) ont entrepris d'autres réformes visant à promouvoir un développement harmonieux. Ainsi, un Tarif extérieur commun (TEC) et une harmonisation de la fiscalité dans les pays membres ont vu le jour dans l'Union en 2000. Les droits de douane sont fixés à un maximum de 20 % tandis que la taxe sur la valeur ajoutée a été harmonisée à hauteur de 18 %. Pour prendre en compte la particularité de chaque économie, les autorités de l'UEMOA autorisent chaque État membre à choisir sept catégories de produits qui sont exonérés de TVA parce qu'ils sont des denrées alimentaires de base consommées en grande quantité par les couches pauvres de la société. Le Sénégal a choisi les catégories suivantes : (1) arachides ; (2) céréales, manioc ; (3) légumes frais ; (4) viande fraîche ; (5) ; poisson frais et congelé ; (6) œufs ; et (7) pommes de terre et oignons.

Malgré la pertinence des différentes réformes, la croissance économique du Sénégal est encore fragile et insuffisante pour réduire durablement la pauvreté. Entre 2004 et 2008, le taux de croissance globale de l'économie fluctue autour de 3 %, ce qui est très inférieur à la croissance requise (7 à 8 %) pour atteindre l'objectif de réduction de la pauvreté de 50 % d'ici 2015. L'économie sénégalaise se caractérise à la fois par un faible niveau de diversification des secteurs productifs et de l'investissement privé. De même, le niveau de l'inflation qui est de plus en plus élevé se traduit par une contraction de l'activité économique. L'évolution de l'euro par rapport au dollar s'est traduite de son côté par un renchérissement des produits nationaux. Le climat des affaires, qui reste marqué par quelques défaillances, ne rassure pas entièrement les investisseurs étrangers. Aujourd'hui encore, près de la moitié de la population vit en dessous du seuil de pauvreté. En 2008, le PIB est estimé à quelque 1 650 USD par habitant (WDI, 2009). Le Sénégal est classé parmi les Pays les moins avancés. L'incidence de la pauvreté sous toutes ses formes est assez élevée. Mais, du point de vue spatial, l'incidence de la pauvreté reste plus élevée en milieu rural selon l'Enquête sénégalaise auprès des ménages.

Pour faire face à ces défis, le pays s'est engagé dans une politique de réduction de la pauvreté dans le cadre des Objectifs du millénaire pour le développement. Cela s'est traduit depuis 2002 par la mise en œuvre du DSRP (Document stratégique de réduction de la pauvreté) considéré comme le cadre de référence des politiques, stratégies et programmes économiques visant la croissance et la lutte contre la pauvreté. Le pays a misé sur le développement du capital humain et consacre près de 30 % de ses dépenses courantes totales au secteur de l'éducation et de la formation. Depuis 2007, la SCA (Stratégie de croissance accélérée) avec ces deux composantes, à savoir la mise en place d'un environnement pour les affaires de classe internationale et la promotion de grappes porteuses de croissance (agriculture et agro-industrie ; produits de la mer et de l'aquaculture ; textile-habillement ; technologies de l'information et de la communication et télé-services ; tourisme, industries culturelles, artisanat d'art) témoigne de la volonté du Sénégal d'être un pays émergent. Les autorités ont entrepris également une série de réformes visant à promouvoir la croissance économique. Elles prévoient la poursuite de politiques macroéconomiques prudentes et l'accélération des réformes structurelles. Au plan fiscal, la Loi n° 2006-17 a ramené le taux de l'impôt sur les sociétés à 25 % et une nouvelle modification du Code général des impôts en 2007 a consacré la suppression de la taxe d'égalisation. Le taux réduit est de 10 % et s'applique aux produits locaux et aux importations de certains biens et services, notamment les produits de grande consommation (fruits et légumes, papier, etc.). L'industrie du tourisme est soumise à un taux de TVA de 15 %. Cette série de réformes est justifiée par la volonté du gouvernement sénégalais de promouvoir l'investissement privé, les exportations, la simplification des procédures, le renforcement du civisme fiscal et la création d'emplois.

Cette étude qui porte sur la période 1980-2010 vise à analyser les performances économiques du Sénégal et le niveau des transformations structurelles du pays. Les différents éléments susceptibles d'expliquer les sources de la croissance économique ainsi que les moyens à mettre en œuvre pour en assurer la pérennité et la durabilité seront analysés.

PERFORMANCES MACROÉCONOMIQUES

Thiam Ibrahima

PRODUIT INTÉRIEUR BRUT

L'économie sénégalaise est caractérisée aujourd'hui par des performances macroéconomiques encore faibles pour soutenir durablement la croissance économique. Le rythme d'évolution du produit intérieur brut est assez faible par comparaison à celui de la population. En effet, l'effectif de la population qui a été multiplié par deux entre 1980 et 2010 (WDI) se traduit par une pression démographique de plus en plus forte sur les ressources économiques du pays. Cela veut dire que le pays doit redoubler d'efforts pour réduire la pauvreté. Toutefois, la croissance économique du Sénégal n'a pas connu une évolution linéaire. L'on a plutôt assisté à des périodes de ralentissement économique et d'expansion. Ainsi, les années 80 se caractérisent par une croissance économique faible (2 à 3 %) du fait notamment d'une mauvaise gestion macroéconomique qui a conduit aux Programmes d'ajustements structurels (PAS). Les causes de ces programmes sont nombreuses et tournent autour des principaux points suivants : déficit budgétaire en progression constante, défaillance du système de création et de gestion des sociétés parapubliques, subvention de tout ordre, déficit de la balance commerciale et suppression des soutiens à l'exportation. Cette situation s'est traduite par une intégration plus poussée de l'économie sénégalaise à la mondialisation basée sur les avantages comparatifs et donc avec risque de paupérisation pour des économies vulnérables comme celle du Sénégal. Depuis la dévaluation du FCFA de janvier 1994, l'expansion économique apparaît plus soutenue avec un taux de croissance de l'ordre de 4 % en moyenne. Ce regain de croissance s'explique par plusieurs facteurs conjugués : l'amélioration du niveau de recouvrement qui s'est traduite par une augmentation des ressources mobilisées, la progression limitée des dépenses publiques et une relative stabilité économique et sociale. Mais, aujourd'hui encore, l'économie du Sénégal fait face à certaines difficultés, notamment la hausse des prix mondiaux, les problèmes du secteur de l'énergie et des arriérés de l'État vis-à-vis du secteur privé.

Tableau 1 : évolution du PIB, de la population et du PIB/tête du Sénégal de 1980 à 2010, en millions de dollars US

	1980	1990	2000	2010
GDP (2000 constant USD) billions of USD	2,68	3,46	4,69	6,97
Population (total)	5,64	7,54	9,90	12,86
GDP per capita	476	459	474	542
GDP per capita index (1980=100)	100,00	96,43	99,58	113,87

Source : World Development Indicators (WDI), World Bank.

RESSOURCES

Même si les politiques macroéconomiques et structurelles se sont améliorées ces dernières années, les défis à surmonter restent importants pour le Sénégal. En pourcentage du PIB, l'investissement est loin des proportions nécessaires pour permettre une accélération de la croissance et contribuer à la réduction de la pauvreté. Le déficit d'épargne à combler reste donc important pour le pays. S'agissant de la consommation, elle est importante et soutenue, en particulier pour la consommation privée. La question qui s'impose alors consiste à se demander si l'augmentation de l'épargne intérieure, nécessaire à la promotion de l'investissement, est souhaitable au détriment de la consommation. Pour faire face à la pauvreté, la consommation doit plutôt s'accroître, notamment à court terme.

Le taux d'investissement a connu une évolution erratique entre 1980 et 2010. En pourcentage du PIB, il passe de 17 % en 1980 à seulement 9 % en 1990, avant de connaître une nouvelle hausse pour s'établir à 20 % en 2000, puis 28 % en 2010. En ce qui concerne le taux d'épargne, il est très faible au Sénégal puisqu'il se situe à seulement 2 % du PIB entre 1980 et 1990. Même si à partir de 2000 il passe à 8 %, puis à 10 % en 2010, le déficit d'épargne reste important au Sénégal. L'explication de la relation entre l'épargne et l'investissement est aussi importante pour mieux comprendre le lien entre épargne et croissance. En effet, l'épargne apparaît comme un préalable à l'investissement. Il est donc nécessaire d'accroître le taux d'épargne pour investir plus et accélérer la croissance économique. Une forte mobilisation de l'épargne peut se traduire par une baisse des taux d'intérêt et par conséquent, stimuler l'investissement. Toutefois, il est nécessaire d'assainir encore plus le système financier afin de lutter contre les créances improductives des banques. Aussi, le niveau de risque, souvent élevé et lié à la faiblesse de l'activité et à son instabilité, décourage les agents à capacité de financement d'investir à moyen et long terme. L'épargne locale est non seulement faible, mais également thésaurisée, c'est-à-dire que les ménages préfèrent l'épargne de précaution. Par conséquent, le financement de l'activité économique fait très souvent appel à l'extérieur soulevant ainsi la question de la viabilité financière de la croissance. Certes, le taux d'épargne s'est nettement amélioré entre les années 80 et 2000, mais il est encore indispensable d'inciter les ménages à épargner davantage. Ceci passera nécessairement par la promotion d'un emploi qualifié et à haute valeur ajoutée, mais également par des politiques de sensibilisation de la population sur l'importance de l'épargne.

Tableau 2 : consommation, investissement et épargne en pourcentage du PIB

	1980	1990	2000	2010
Private consumption (% GDP)	73,11	79,19	76,04	83,29
Public consumption (% GDP)	25	18	13	9
Gross domestic investment (% GDP)	17	9	20	28
Private	5,79	9,87	..	..
Public	5,94	3,93	..	..
Gross domestic savings (% GDP)	2	2	11	8
Resource balance (B4 - B3)	-15	-7	-9	-20

Source : World Development Indicators (WDI), World Bank

L'appui des bailleurs de fonds est très variable d'une année à l'autre au Sénégal. L'Aide publique au développement (APD) consentie au Sénégal atteint 635 millions USD en moyenne en 2006-2007, soit 9,3 % du revenu national brut et l'équivalent d'un quart des recettes d'exportations de biens et services du pays (PNUD, 2008). Mais le montant de l'aide est variable d'une année à l'autre, passant de 7,42 % du PIB en 1980 à 14,20 en 1990, et seulement 7,96 en 2010 ce qui est difficilement compatible avec des politiques économiques prudentes si importantes pour les décideurs. Le débat se pose aujourd'hui surtout s'agissant de l'efficacité de l'aide, notamment en ce qui concerne son impact sur la croissance et la réduction de la pauvreté. Dans ce cadre, la relation entre l'augmentation de l'aide et l'accélération de la croissance économique doit être étudiée. De même, l'orientation des programmes financés par l'aide ne donne pas souvent la priorité aux pauvres.

Tableau 3 : Sénégal, aide de 1980 à 2010

	1980	1990	2000	2010
Aide (en % du PIB)	7,42	14,2	9,15	7,96
Aide par tête (en USD)	46	108	43	81

Source : World Development Indicators (WDI), World Bank

Malgré un certain repli, la dette demeure un fardeau pour le Sénégal. En pourcentage du PIB, le niveau de la dette extérieure du pays est passé de 76,2 à près de 42 % entre 2000 et 2008 (BAD, 2008). La crise économique récente explique en partie l'augmentation de l'encours pour l'année 2009. En effet, cette crise s'est traduite par une baisse de l'investissement privé, la décélération des services de télécommunications, le repli des activités de construction et la diminution des envois de fonds des émigrés sénégalais (ANSD, 2010). L'on a assisté à un ralentissement des exportations du pays, suite à une baisse de la demande mondiale et une baisse des entrées touristiques. La crise a donc entraîné un ralentissement de l'activité économique, par conséquent une baisse des recettes et donc, un creusement du déficit. Évidemment, cette situation impacte le niveau de l'encours de la dette. Le service de la dette a pour sa part connu une légère baisse. En pourcentage des exportations, il passe ainsi de 13,8 % en 2000 à 7,2 % en 2009. L'initiative « Pays pauvres très endettés » (PPTE) a donc eu des conséquences positives, mais semble encore être insuffisante pour réduire durablement l'endettement du pays qui se situe autour des deux tiers du PIB (60,1 %). Pour faire face à cette situation de forte vulnérabilité, les autorités doivent poursuivre les réformes visant à promouvoir une bonne gestion macroéconomique. Il s'agit en particulier de l'efficacité et de l'efficience des dépenses publiques, de l'amélioration du niveau de recouvrement des recettes publiques grâce à un dispositif qui associe l'ensemble des acteurs. Cette politique est susceptible de réduire le niveau du déficit budgétaire et par conséquent, celui de la dette publique.

Tableau 4 : évolution de la dette extérieure et du service de la dette au Sénégal (2000-2009)

	2000	2003	2004	2005	2007	2008	2009
Service de la dette (en % des exportations)	13,8	14,7	18,2	15,9	6,5	5,8	7,2
Dette extérieure (en % du PIB)	76,2	71,8	66,6	59,3	53,8	41,9	53,8

Sources : BAD (2009) et RSM (2008)

Les transferts courants contribuent sensiblement au maintien de l'équilibre social au Sénégal. Pour faire face aux dépenses quotidiennes, les ménages sénégalais comptent de plus en plus sur les transferts des migrants. Ces derniers participent de façon significative à la promotion de l'activité économique nationale (consommation, éducation, santé, bâtiment et travaux publics). Sur la période 2004-2009, les transferts ont connu en moyenne une forte croissance, passant de 397,584 milliards de FCFA en 2004 à plus de 754 milliards en 2008 avant de chuter à 695 milliards en 2009. La crise économique récente n'est donc pas restée sans conséquence sur le volume et la croissance des transferts, notamment en provenance des pays développés.

Tableau 5 : Sénégal : évolution des transferts publics et privés en milliards de francs CFA

	2004	2005	2006	2007	2008	2009
Transferts	333,878	397,584	437,466	618,022	754,355	695,636
Privés	269,609	340,789	409,300	566,016	721,841	672,489
Publics	64,269	56,795	28,166	52,006	32,514	23,147

Sources : BCEAO (compte extérieur du Sénégal) et calculs des auteurs

Camara El Hadji Alioune,
Dramani Latif, Thiam Ibrahima

PRODUCTION

La croissance de la valeur ajoutée et sa répartition par macrosecteur

Le taux de croissance de la valeur ajoutée a connu, sur la période considérée, d'importantes fluctuations. Le graphique 1 ci-dessous montre qu'après une forte croissance (11,2 %) entre 1991 et 1992, la valeur ajoutée du secteur moderne a enregistré une baisse de 4,71 % entre 1992 et 1993, puis de 2,16 % entre 1994 et 1995. À partir de 1995, elle n'a cessé de croître ; cependant l'on note une légère croissance entre 1999 et 2000 (1,37 %). Cette situation est a priori due à l'accroissement de la valeur ajoutée dans l'ensemble des secteurs, singulièrement le secteur commerce et industrie.

Graphique 1 : évolution du taux de croissance de la valeur ajoutée brute du secteur formel au Sénégal (en millions de francs CFA au prix constants de 1999)

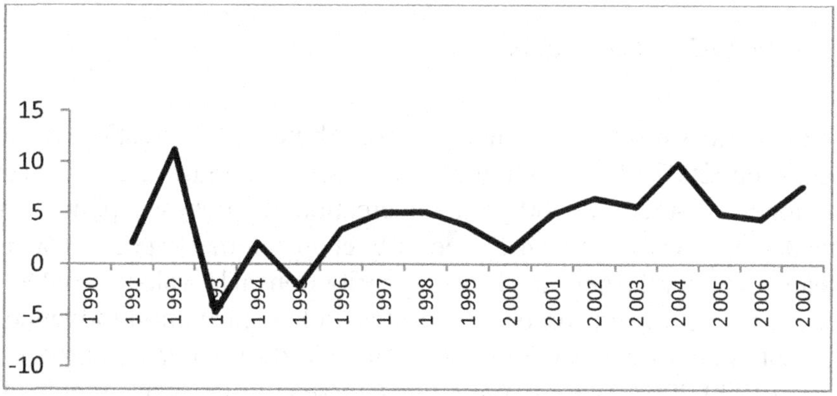

Source : ANSD

L'analyse par macrosecteur du graphique 2 ci-dessous met en exergue un accroissement dans tous les secteurs à l'exception des BTP. L'on observe toutefois une importante progression dans le commerce où le taux de valeur ajoutée est ressorti à 32,4 % en 2007 contre 29,1 % en 2006. Comparé aux autres secteurs, le commerce affiche un meilleur ratio « valeur ajoutée/production » sur toute la période. Cette situation résulte de la maîtrise relative des consommations intermédiaires. La contribution de chaque macrosecteur à la valeur ajoutée brute du secteur moderne varie peu au fil des années. En moyenne, la contribution des différents macro-secteurs à la valeur ajoutée brute du secteur moderne au cours de la période d'étude est de 23,16 % pour l'industrie, 4,73 % pour les BTP, 16,43 % pour le commerce et de 55,56 % pour les services. Les services constituent donc le macrosecteur qui contribue le plus à la création de valeur ajoutée du secteur moderne.

Graphique 2 : évolution du taux de croissance de la valeur ajoutée par macrosecteur (aux prix constants de 1999)

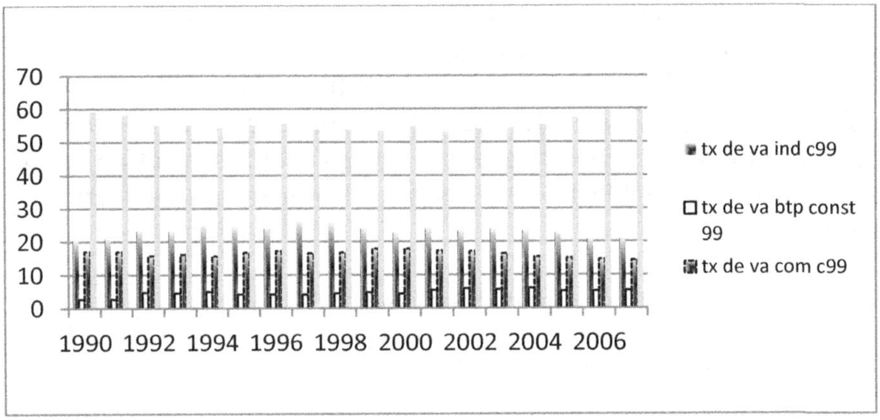

Source : ANSD et auteurs

Les services restent les principaux contributeurs à la création de valeur ajoutée en 2007. Le graphique 3 ci-dessous montre que ce secteur contribue à hauteur de 60 % à la création de richesse pour l'année considérée, suivi de l'industrie avec 21 % et du commerce pour 14 %. L'on assiste donc sur la période à une contribution à la valeur ajoutée très inégale. Une comparaison de ces résultats à la contribution moyenne des différents macro-secteurs à la valeur ajoutée du secteur moderne sur la période 1990-2007, laisse paraître une hausse pour les services et les BTP et une baisse pour l'industrie et le commerce. Le comportement des services pourrait en effet s'expliquer par la bonne santé des Télécommunications. Quant à l'industrie, l'explication pourrait reposer sur les investissements réalisés pour renouveler l'équipement productif, l'acquisition de brevets et de nouvelles technologies et l'exploitation de nouveaux minerais comme le fer et l'or dans la région de Tambacounda. D'autre part, les investissements des entreprises se sont diversifiés sur la période avec la naissance de plusieurs nouvelles industries lourdes comme :

- les cimenteries du Sahel et la troisième cimenterie du Sénégal (DANGOTE) ;
- le développement des entreprises de montage de véhicules à Thiès (SENIRAN et SENBUS).

Graphique 3 : répartition de la valeur ajoutée par macrosecteur en 2007 (en millions de FCFA aux prix constants de 1999)

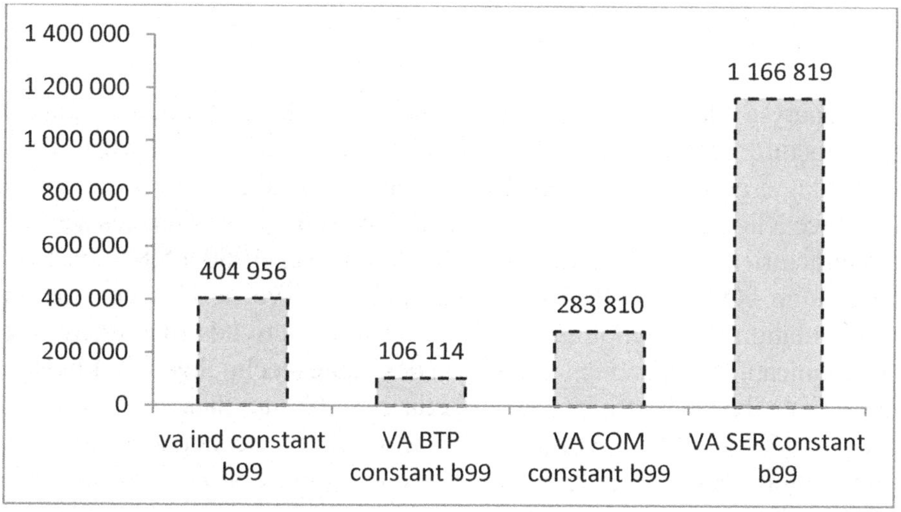

Source : ANSD

Le secteur manufacturier connaît quelques difficultés qui empêchent son développement. Le tableau ci-dessous montre que les services dominent l'activité économique nationale. Le secteur manufacturier a du mal à décoller pour au moins trois raisons. La première est liée au faible dynamisme du secteur de l'agriculture qui fournit les intrants au secteur industriel. La deuxième raison est le manque de qualification de la main-d'œuvre qui se traduit par une productivité moindre. La troisième raison tient à des problèmes structurels qui affectent négativement le développement du secteur. En particulier, le secteur souffre de la faiblesse de la demande nationale, des coûts élevés des intrants (notamment énergétiques) et de la faible volonté de développer un secteur manufacturier dynamique. En effet, les pays en développement, dont le Sénégal, se sont spécialisés depuis des décennies dans la production de matières premières aux cours volatils sur les marchés mondiaux. Même si des efforts d'industrialisation ont été observés, ils sont dans l'ensemble timides. Des mesures incitatives sont donc nécessaires pour attirer les investisseurs privés vers le secteur industriel.

Tableau 6 : décomposition sectorielle (% Valeur ajoutée primaire, industrie, autres industries et services)

	1980	1990	2000	2010
Agriculture	20	20	19	17
Manufactures	14	15	15	13
Services	60	58	58	62

Source : UNIDO INDSTAT 2

L'analyse de la classification des types de technologie dans la manufacture révèle une utilisation disproportionnée du niveau de la technologie au cours des dernières années. Cependant, l'on observe une tendance à la baisse de l'utilisation de technologie faible dans les activités manufacturières. En effet, elle passe de 23,68 % en 1980 à 5,8 % en 1990, 4,95 % en 2000 et 3,60 % en 2002. L'on observe de plus en plus une augmentation de technologie médium dans les activités manufacturières (voir tableau 7) tandis que l'utilisation des hautes technologies est presque inexistante dans les activités manufacturières. Ces tendances s'expliquent par l'entrée des TIC favorisée par une politique de défiscalisation des importations des TIC et leur adoption par les entreprises vers la fin des années 1980.

Tableau 7 : classement de la technologie des activités manufacturées (Lall classification, comme dans UNIDO 2009)

	1980	1990	1995	2000	2002
Technologie de pointe	0,00	0,00	0,05	1,08	0,95
Moyenne Technologie	13,50	16,29	30,74	36,66	35,38
Faible Technologie	23,68	5,81	10,16	4,95	3,60
Ressource de base	62,82	77,90	59,05	57,31	60,07

Source : UNIDO INDSTAT 2

La productivité du travail et du capital

L'on observe une instabilité de la croissance annuelle des productivités du travail et du capital du secteur formel. Les productivités du travail et du capital du secteur moderne sont mesurées respectivement par les ratios « valeur ajoutée sur salaires » et « valeur ajoutée sur consommation en capital fixe ». L'on note une croissance erratique de la valeur ajoutée parfois non synchrone à l'évolution de la productivité des facteurs, surtout celle du capital. Ces points atypiques se manifestent en 1997, en 1999 et en 2003. L'on notera, a priori, que c'est le facteur travail qui impacte le plus sur l'accroissement de la valeur ajoutée dans le secteur moderne. Au niveau des services, qui contribuent à 60 % de la valeur ajoutée du secteur formel, l'on obtient la même tendance que précédemment concernant l'évolution des facteurs et celui de la valeur ajoutée excepté pour l'année 1997 où l'on assiste à une hausse de la valeur ajoutée suite à une décroissance de la productivité de chaque facteur (Graphique 4). Une analyse des résultats pour l'industrie a montré qu'au cours des années, la plus importante contribution à la croissance (création de valeur ajoutée) pourrait provenir de la contribution quantitative de la main-d'œuvre, suivie des services du capital, sauf entre 1995 et 1998 où l'on a un point atypique.

Graphique 4 : évolution des productivités du travail et du capital du secteur moderne

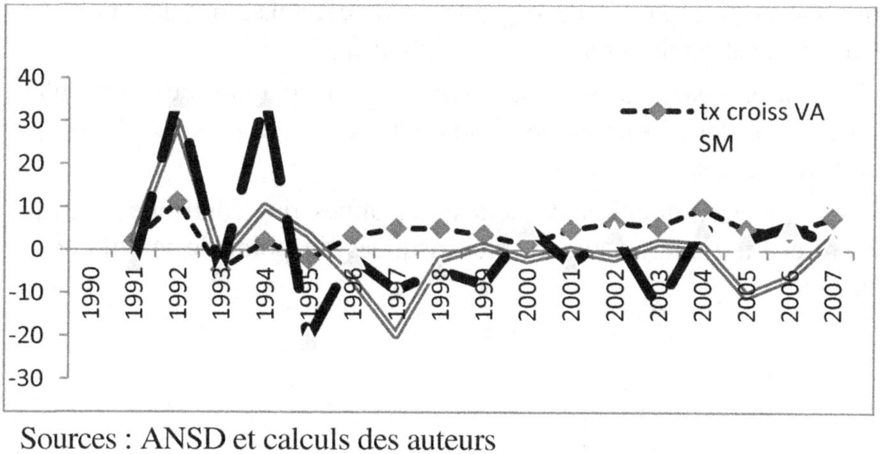

Sources : ANSD et calculs des auteurs

Sous un autre angle, la productivité de l'agriculture connaît une hausse tendancielle sur la période de 1980 à 2009. De façon spécifique, elle passe de 486,6 kg/ha en 1980, à 768,7 kg/ha en 1990, soit un taux de croissance moyenne annuelle de 6,16 %. Ce rythme de la productivité se réduit sur la période 1990-2010. Ainsi, l'on observe une phase de décélération de la productivité sur la période 1990-2000 de 2,13 %, ce qui constitue une baisse de 4 % par rapport à la décennie précédente. Cette tendance à la baisse se maintient sur la période 2000-2009 où l'on observe une quasi-stagnation de la productivité autour de 975 kg/ha en fin de période. Cette baisse structurelle observée s'explique par plusieurs effets concomitants :

- L'échec des politiques agricoles initiées dans les années 1980.
- La baisse structurelle du prix mondial de l'arachide.
- L'avancé du désert et la salinisation des sols.
- Les effets négatifs des changements des habitudes alimentaires (consommation excessive de produits alimentaires importés : riz, blé, huile…).

Par rapport aux pays africains et au reste du monde, le Sénégal depuis 1980 a un rendement structurellement faible dans la production de l'arachide. Ceci s'explique par une agriculture traditionnelle dépendant fortement des aléas climatiques. Selon les autorités, les difficultés de la filière arachidière sont dues :

- à la dégradation des sols du fait d'un abandon de la pratique des rotations culturales et de l'application insuffisante d'engrais organiques et minéraux ;
- à une baisse des rendements liée à une application imparfaite des itinéraires techniques, à une dégradation du capital semencier et une baisse dans l'utilisation de semences sélectionnées ;
- à la vétusté du matériel agricole qui dénote des difficultés à rentabiliser des équipements neufs plus chers à la suite de la baisse tendancielle des rendements ;
- à une accumulation de dettes paysannes qui contribue à rendre la filière et l'agriculture encore plus risquées du point de vue du système financier.

Tableau 8 : agriculture (rendement/ha du principal produit de culture), Arachide (avec coque), le rendement en kg/ha (données brutes).

	1980	**1990**	**1995**	**2000**	**2005**	**2009**
Sénégal	486,6	768,7	939,6	969,0	910,7	975,0
Afrique						
Égypte	**2 137,4**	**2 129,8**	**2 930,5**	**3 102,4**	**3 205,2**	**3 401,1**
Libye	1 925,0	1 945,9	1 875,0	1 666,6	2 190,4	2 190,4
Monde						
Israël	**4 248,3**	**6 692,7**	**6 151,8**	**6 443,2**	**8 202,6**	8 485,7
Malaisie	2 422,0	3 703,7	3 700,2	5 110,8	4 857,1	4 333,3
Île Maurice	3 718,7	2 964,5	3 842,4	3 317,0	1 686,1	2 435,6
Chypre	2 074,8	2 800,0	3 342,8	3 928,5	5 469,3	**9 066,6**

Source : FAOSTA

Analyse du commerce extérieur

Camara El Hadji Alioune, Thiam Ibrahima

La situation du commerce extérieur du Sénégal est marquée par une perte de compétitivité des produits nationaux. La faible diversification de la production a eu pour conséquence une forte vulnérabilité du pays à l'environnement externe. Ce dernier étant de plus en plus caractérisé par une modification de la structure de la demande mondiale, notamment au détriment des produits de l'agriculture traditionnelle. Au sein de l'UEMOA, le principal client du Sénégal demeure le Mali, pays qui arrive à gagner des parts de marché dans l'Union au détriment du Sénégal. Le solde de la balance commerciale est de plus en plus déficitaire au Sénégal, témoignant une dépendance externe encore forte.

Le secteur primaire, malgré son importance pour la promotion de l'emploi, ne domine pas les exportations du pays. Les dernières années montrent même une baisse de leur part par rapport aux exportations totales. Le secteur manufacturier et celui des services occupent une place de plus en plus importante. Cela signifie que le pays tend vers une industrialisation de son économie avec un secteur manufacturier qui se développe de plus en plus. Mais le pays compte également sur le développement du secteur de l'agro-industrie.

Les ressources extractives représentent l'essentiel des exportations du Sénégal vers le reste du monde. Les activités extractives (phosphates) dont le Sénégal est le 9e producteur au monde constituent le principal produit d'exportation du Sénégal. Entre 1980 et 2009, la part des industries extractives dans les exportations totales est passée de 39 % en 1980 à 48 % en 2009. Cependant, en 2000, l'on note une baisse des exportations de phosphate liée aux difficultés qu'ont connues les industries chimiques du Sénégal (ICS), principal exploitant du phosphate durant cette période. La production des ICS est aujourd'hui de 2 millions de tonnes de phosphate marchand par an exporté principalement vers l'Inde. Les réserves sont estimées entre 60 et 70 millions de tonnes (site officiel d'ICS). En termes de perspectives, de nouvelles réserves ont été découvertes à *Matam, à Tobène,* avec des capacités de plus de 90 millions de tonnes.

Le secteur manufacturier qui concerne les industries de transformation reste dynamique dans le volume des exportations. Par contre, le secteur primaire, en particulier l'agriculture qui représente 70 % de la population active, connaît un déclin. De 24,65 % en 1980, la part de l'agriculture dans les exportations totales est passée à 18,31 % en 2009, soit une baisse de 6,34 points. Cette baisse s'explique par la dépendance de ce secteur aux produits de base et aux aléas climatiques (non-maîtrise de l'eau en particulier).

Tableau 9 : Sénégal : décomposition sectorielle des produits d'exportation (en pourcentage)

	1980	1986	1990	1995	2000	2005	2009
Produits primaires (produits agricoles non transformés)	24,65	23,24	25,54	12,55	39,24	22,84	18,31
Fabrication (RB1, LT, MT, HT)	35,22	37,59	42,71	37,96	31,14	36,06	32,49
Ressource extractive	39,00	38,99	31,72	49,39	29,48	40,87	48,97
Autres exportations	1,14	0,18	0,02	0,10	0,14	0,22	0,00

Source : UN COMTRADE

Les exportations du Sénégal sont marquées par une forte spécialisation sur très peu de produits. Les exportations sont peu diversifiées et souffrent de l'évolution de la structure de la demande mondiale. Ainsi, huit postes concentrent 65 % des exportations du Sénégal sur la période 1996-2008 (ANSD, 2009). Il s'agit principalement des produits de la pêche (avec un certain déclin), des produits pétroliers (avec une part de plus en plus croissante), de l'acide phosphorique et du ciment hydraulique. Le pays doit donc promouvoir la transformation locale des matières premières afin d'accompagner la création de petites et moyennes entreprises et accélérer la croissance économique. Le tableau ci-dessus issu des données COMTRADE confirme ces tendances. En effet, seuls certains produits comme les engrais, les produits de la mer et les produits liés à la transformation arachidière dominent les exportations du Sénégal. Aussi, la part du pays dans les exportations mondiales reste très faible.

Le pays est également caractérisé par une faible compétitivité. L'Avantage comparatif révélé (ACR) est un indicateur de compétitivité d'un pays. Il a été développé par Balassa (1965-1977), puis par Pitts et Lagnevick (1998). L'ACR pour un produit donné représente la part du pays dans le marché international de ce produit divisé par la part de ce pays dans les échanges internationaux de tous les biens. Plus le ratio est grand, plus le pays a un avantage comparatif pour le bien considéré. Il apparaît donc que le Sénégal n'a un avantage comparatif révélé que pour les engrais et, dans une moindre mesure, pour les produits de la pêche et de la transformation de l'arachide (voir Annexe : tableau 18). Pour développer son économie, le Sénégal peut donc compter sur les produits chimiques, les produits de la pêche et les produits arachidiers et ses dérivés, le coton, le ciment et les produits horticoles.

De même, par comparaison aux autres pays de l'UEMOA, le Sénégal est moyennement compétitif. L'évolution des exportations nationales rapportées à un total mondial ou limité à un groupe de pays comparables est souvent utilisée comme indicateur de compétitivité des économies. En effet, elle permet de voir les gains ou pertes de parts de marché d'un pays. Selon cet indicateur de compétitivité (voir Annexe : tableau 19), le Mali gagne de plus en plus de parts de marché dans l'UEMOA. En ce qui concerne le Sénégal, la part de ses exportations dans le total des exportations des pays de l'UEMOA a connu une certaine stabilité entre 1998 et 2008, avec toutefois une légère baisse. La Côte d'Ivoire, considérée comme la locomotive de l'Union, voit aussi ses parts de marché baisser entre les deux périodes.

Les importations du Sénégal par produit

La faiblesse de la production locale se traduit par une hausse des importations. Le Sénégal importe différents produits en provenance des pays de l'Union européenne, de l'Amérique du Nord (Canada et États-Unis), de l'Amérique du Sud (Brésil) et des autres pays de la sous-région. Cinq produits constituent l'essentiel des importations du Sénégal entre 2004 et 2008. Ce sont principalement : les produits céréaliers (11 % en moyenne sur la période), les métaux et ouvrages en métaux (7 %), les produits pétroliers (20 %) et les machines et appareils (13 %), et les matériels de transport et pièces détachées (voir Annexe : tableau 20).

ANALYSE DE L'EMPLOI ET DES INÉGALITÉS

Thiam Ibrahima

Les données de l'Enquête sénégalaise auprès des ménages de 2001 qui a porté sur 6 595 ménages révèlent que près d'un ménage sur cinq est dirigé par une femme au Sénégal. En zone urbaine, cette proportion est plus forte qu'en milieu rural. Concernant l'activité économique, la branche agriculture et élevage compte le pourcentage le plus élevé d'individus, selon les données de l'enquête. Le commerce vient en deuxième position. L'on note la part importante des services regroupant le commerce, l'éducation, la santé et l'administration (26,4 %). Les activités industrielles de production et de la transformation regroupent 6 % des chefs de ménages. Les principaux résultats sur l'emploi sont résumés au niveau du tableau 10 ci-dessous. Il s'agit en réalité de données issues d'enquêtes auprès des ménages pour la capitale Dakar ou pour l'ensemble du pays. Il apparaît que le taux de chômage au Sénégal évolue en dents de scie. De façon assez paradoxale, le chômage est plus élevé à Dakar par rapport à la moyenne nationale. Ainsi, pour l'année 1988, si le taux se situe à 8,2 % pour l'ensemble du Sénégal, il atteint 24,1 % pour la capitale, soit le triple de la moyenne nationale. La situation reste quasiment la même pour les années suivantes. Dakar concentre une bonne partie de la population, pour des raisons essentiellement économiques. Les statistiques ci-dessous montrent que les politiques visant à maintenir les populations dans les régions doivent être renforcées. Beaucoup d'efforts allant dans ce sens sont en cours de réalisation ; il s'agit notamment de la construction récente de trois nouvelles universités à Thiès (70 km de Dakar), Ziguinchor (au sud du pays) et Bambey (au centre du pays). Il s'agit également des initiatives en matière agricole avec le plan REVA (Retour vers l'agriculture) et la GOANA (Grande offensive pour l'agriculture et l'abondance). Mais il manque encore une vraie politique de l'emploi au Sénégal. C'est-à-dire, le pays manque encore d'une vision de moyen et long termes en matière de promotion d'activité à haute valeur ajoutée. Sous ce rapport, les priorités du pays doivent se tourner vers des formations professionnalisantes dans le domaine de l'agriculture, de l'industrie et des services. Il s'agira aussi d'associer les populations à la base dans les différentes initiatives de développement du pays.

La situation du marché de l'emploi est encore difficile au Sénégal. Selon les données de l'ANSD de 2005, sur une population de 6 670 707 habitants, la population active s'élève à 3 025 029, celle occupée à 2 162 937 et celle au foyer à 1 482 681. Le taux de chômage est donc de 28,5 %. La répartition de la population active selon le statut d'occupation et la tranche d'âge en 2005 montre sans surprise que le chômage est plus élevé pour la population âgée de 15 à 34 ans (49,3 %) ainsi que pour celle de plus de 60 ans (18,9 %). Le taux de chômage est nettement plus faible pour la population âgée de 35 à 59 ans. Cela signifie donc que, globalement, les Sénégalais tardent à trouver un premier emploi. Le problème du chômage est donc plus accentué chez les jeunes comparativement aux adultes et aux personnes de plus de 60 ans. Ce problème vient nous conforter sur la nécessité de mettre en place une politique éducative tournée vers des métiers. Car en réalité, les jeunes tardent à avoir assez d'outils et de connaissances pratiques pour espérer travailler très tôt. Mais, par comparaison entre les hommes et les femmes, l'évolution du chômage varie considérablement selon la tranche d'âge. Ainsi, si pour les 15-34 ans, les garçons trouvent difficilement un emploi par rapport aux jeunes filles, il n'en est pas de même pour la tranche suivante. Cette situation s'explique par les contraintes qui existent encore pour les femmes à travailler à l'âge adulte à cause des tâches ménagères et de la culture sénégalaise. En effet, au Sénégal, malgré les différentes initiatives pour l'autonomisation des femmes telles que déclinées dans les Objectifs du millénaire pour le développement, les femmes restent majoritairement au foyer comme l'illustre le tableau ci-dessous.

Tableau 10 : répartition de la population active selon le statut d'occupation et la tranche d'âge, 2005

	15-34 ans				
	Occupée	Chômage	Personne au foyer	Population active totale	Taux de chômage (en %)
Homme	117 339	323 558	4 246	440 897	73,4
Femme	562 080	337 467	992 913	899 547	37,5
Total	679 419	661 026	997 159	1 340 445	49,3
	35-59 ans				
	Occupée	Chômage	Personne au foyer	Population active totale	Taux de chômage (en%)
Homme	779 462	19 129	6 147	798 591	2,4
Femme	485 691	131 030	444 648	616 721	21,2
Total	1 265 152	150 160	450 796	1 415 312	10,6
	60 ans et +				
	Occupée	Chômage	Personne au foyer	Population active totale	Taux de chômage (en %)
Homme	161 339	32 620	578	193 959	16,8
Femme	57 027	18 346	34 149	75 373	24,3
Total	218 366	50 966	34 726	269 332	18,9

Sources : ANSD/ESPS

Les emplois précaires peu rémunérés dominent le marché du travail au Sénégal. Le rythme élevé de la croissance de la population, le taux d'urbanisation et les difficultés économiques et financières passées et actuelles du pays ont eu comme conséquence une fragilisation des équilibres sur le marché du travail, avec le développement des emplois précaires et une expansion du secteur informel. Il apparaît que l'essentiel de la population active occupée travaille dans le secteur informel. En 2007 par exemple, 94,27% des actifs travaillent dans ce secteur contre 5,73 seulement pour le secteur formel (ANSD). Le secteur primaire, et en particulier le sous-secteur de l'agriculture, a été pendant longtemps une source d'emploi pour une majorité de Sénégalais, en particulier du monde rural. Cependant, de plus en plus, l'on constate un certain déclin du secteur, lié notamment aux conditions climatiques défavorables, à la baisse importante des cours mondiaux et à l'attraction de plus en plus forte des autres secteurs d'activités, en particulier du commerce.

Tableau 11 : population active occupée par branche d'activité (en % du total) 1980-2007

Secteur d'activité	1980/1993	1994/2000	2001/2007
Agro-sylvo-pastoral	**58,76**	**54,40**	**51,09**
agriculture vivrière	24,05	22,29	20,89
Pêche	2,72	2,65	2,29
Industrie	**13,55**	**13,21**	**12,81**
– transformation et conservation de viande, poisson	0,45	0,45	0,42
– égrenage de coton et fabrication des textiles	2,57	2,56	2,53
– électricité, gaz et eau	0,84	0,85	0,82
Construction	**1,91**	**2,08**	**2,13**
Commerce	**10,68**	**15,21**	**19,32**
Autres Services	**6,41**	**6,99**	**7,17**
– transports	1,53	1,30	1,12
– postes et télécommunications	0,38	0,29	0,21
Administration	**5,96**	**5,46**	**5,18**
– éducation et formation	1,74	1,82	2,12
– activités de santé et action sociale	0,47	0,47	0,58
Total	100	100	100

Sources : ANSD et calculs des auteurs

Le secteur informel contribue majoritairement à la création de richesses nationales au Sénégal. Les conditions de travail précaires, l'absence de protection sociale véritable, la faible rémunération n'ont pas empêché le développement du secteur informel au Sénégal. Le défi des autorités est donc de mieux encadrer l'expansion du secteur qui reste le premier employeur du pays. Même s'il est difficile d'évaluer la richesse créée par le secteur informel, l'Agence nationale de la statistique et de la démographie publie une estimation de la richesse nationale avec une prise en compte du secteur informel. Les résultats montrent une prédominance du secteur informel sur le secteur formel. Ce secteur apparaît comme un instrument important de gestion du marché du travail. L'informel tourne autour des métiers suivants : boulangerie, couture, menuiserie bois, mécanique générale, réparation de radios et télévisions, peinture, blanchisserie, teinturerie... Le débat se pose de plus en plus sur l'intérêt de formaliser l'informel ; ou tout au moins de mieux l'encadrer. Mais beaucoup de difficultés restent à résoudre, notamment la sensibilisation sur l'importance de la formalisation, les inconvénients du formel qui poussent beaucoup à préférer l'informel, une politique efficace des autorités.

Tableau 12 : contribution à la création de richesses (valeur ajoutée) entre le secteur formel et informel, 1998-2008 (en %)

	1998	1999	2000	2001	2002	2003	2004	2005	2006	2007	2008
Secteur formel	44,11	43,39	42,33	42,78	45,53	45,08	46,55	46,14	46,01	46,71	46,68
Secteur informel	55,89	56,61	57,67	57,22	54,47	54,92	53,45	53,86	53,99	53,29	53,32

Sources : ANSD et calculs des auteurs

Le pays est caractérisé par une pauvreté persistante et beaucoup d'inégalités. L'indice de GINI est un indicateur sur le degré des inégalités dans la distribution des revenus. Plus il est élevé et plus les inégalités sont importantes. Il affiche pour le Sénégal une valeur de 54,14 en 1991, 41,44 en 1995, 41,25 en 2001 et 39,19 en 2005. Donc, malgré une baisse contenue, les inégalités restent importantes dans le pays. D'après les données de l'Enquête sénégalaise auprès des ménages et celles de l'Enquête de suivi de la pauvreté au Sénégal, la pauvreté touche plus le monde rural que le monde urbain et plus les femmes que les hommes. Aussi, la croissance économique n'est pas propauvre au Sénégal (Cabral, 2009). Grâce à un modèle d'équilibre général calculable, l'auteur montre que même si l'objectif de la Stratégie de croissance accélérée du Sénégal vise à créer une croissance économique profitable aux pauvres, l'on est encore très loin de cette réalité. La croissance économique du Sénégal est donc marquée par un déséquilibre manifeste au niveau des acteurs dans sa constitution. Par conséquent, elle n'arrive pas à améliorer le niveau des personnes les plus vulnérables. Ainsi, pour que la croissance économique participe à la réduction des inégalités, au-delà d'une bonne politique de redistribution des autorités, il faut qu'elle soit portée par le plus grand nombre et que les secteurs à forte concentration de main-d'œuvre, comme l'agriculture, doivent faire l'objet d'un soutien constant.

Malgré ces différentes difficultés, le cadre règlementaire du marché du travail au Sénégal est peu contraignant. Les relations de travail au Sénégal sont régies par la Loi no 97-17 du 1er décembre 1997 instituant le Code du travail, la Convention collective interprofessionnelle du 27 mai 1982 et les conventions collectives propres à chaque secteur d'activité. Le recrutement des travailleurs de nationalité sénégalaise est libre, mais doit être déclaré auprès de l'Inspection du travail et de la Sécurité sociale du lieu d'emploi. En ce qui concerne les travailleurs expatriés, leur recrutement est subordonné à l'autorisation de la Direction du travail. Le régime juridique des différents types de contrats est défini par le Code du travail au Sénégal.

Environnement institutionnel

Dramani Latif

Le Sénégal est un pays caractérisé par une stabilité politique relativement aux autres pays de la sous-région. Le Sénégal est une République à régime présidentiel multipartite où le président exerce la charge de chef de l'État et le premier ministre la fonction de chef du gouvernement. Le pouvoir exécutif est aux mains du gouvernement tandis que le pouvoir législatif est partagé entre le gouvernement et le Parlement. Le pouvoir judiciaire est indépendant des deux premiers. Le Sénégal est l'un des rares pays d'Afrique à n'avoir jamais vécu de coup d'État. Léopold Sédar Senghor, premier président après l'indépendance, a abdiqué en faveur de son premier ministre, Abdou Diouf, en 1981. Le président Me Abdoulaye Wade a été élu démocratiquement en mars 2000, puis réélu en 2007. Malgré le conflit casamançais amorcé depuis 1982, le Sénégal jouit d'une réputation de transparence des opérations gouvernementales et est considéré comme un exemple de transition vers la démocratie en Afrique, ainsi que de respect de la liberté et de l'indépendance des médias. Toutefois, la période récente est caractérisée par un bras de fer entre le camp du président sortant et l'opposition regroupée autour d'un mouvement citoyen pour le respect de la constitution, dénommée le « M23 ». Pour rappel, dès son arrivée au pouvoir le président Abdoulaye Wade a demandé de revoir la Constitution, notamment en ce qui concerne la durée et le nombre de mandats du président, qui doit être limité à deux. Selon le président sortant, la Constitution de 2001 prend effet à partir de 2007, donc il a droit à un autre mandat, mais tel n'est pas l'avis de l'opposition et de la société civile sénégalaise. Le 27 janvier 2012, le Conseil constitutionnel a publié la liste des candidats pour l'élection présidentielle du 26 février 2012 et a validé la candidature de Me Abdoulaye Wade. Mais l'opposition ne reconnaît pas cette candidature qu'elle juge anticonstitutionnelle. Par conséquent, le pays connaît aujourd'hui une période difficile de son histoire politique avec des affrontements et des arrestations fréquents. Cette situation conduit plusieurs observateurs à affirmer que le Sénégal est en train de reculer sur la voie de la démocratie. Malgré les différentes craintes justifiées, le Sénégal a connu une alternance démocratique pacifique avec l'élection de Macky SALL comme nouveau président de la République au soir du 25 mars 2012.

CAPACITÉ DE L'ÉTAT

La plupart des informations qui existent ici proviennent des enquêtes. Signalons toutefois que le pays développe des initiatives visant à promouvoir des transformations en profondeur de l'économie nationale, mais qu'aujourd'hui, le Sénégal dépend du soutien des donneurs pour la mise en place et le suivi efficace des projets et programmes de développement. La Direction des stratégies de développement (DSD), une institution étatique sous tutelle du ministère de l'Économie et des Finances, est chargée de plusieurs missions et notamment : concevoir les stratégies du développement économique et social du pays à long terme ; définir les équilibres globaux en coordonnant tous les travaux de prospective ; développer des modèles macro-économiques ; mener des études et recherches susceptibles d'éclairer les décisions en matière de politique économique et sociale ; apporter aux ministères et collectivités locales un appui technique dans la formulation de leurs stratégies sectorielles de développement à long terme. Une volonté manifeste des autorités pour mettre le pays sur le chemin du développement est notée ces dernières années. Ainsi, il existe plusieurs projets et programmes de développement dans tous les secteurs d'activités, mais la mise en œuvre pratique grâce à des équipes de pilotages reste problématique.

Les autorités sénégalaises disposent de plusieurs projets et programmes pour la mise en œuvre de leurs stratégies de croissance et de développement. Ainsi, le Plan d'orientation pour le développement économique et social (PODES) apparaît comme une stratégie de développement globale dans son contenu et systémique dans son approche. Le Document de stratégie de réduction de la pauvreté (DSRP) et la Stratégie de croissance accélérée (SCA) doivent faire partie intégrante de ses outils de mise en œuvre. Rappelons que le DSRP est considéré aujourd'hui comme un cadre de référence en matière de promotion de la croissance économique et de lutte contre la pauvreté. Aussi, le but principal de la SCA se résume dans cette citation : « accélérer la croissance en améliorant qualitativement sa structure pour la rendre plus efficace dans la lutte contre la pauvreté, et en diversifiant ses sources pour la sécuriser et la pérenniser. » Ces différents projets et programmes, malgré leur importance, souffrent de leur mise en œuvre. Les difficultés principales sont l'intérêt de la population cible qui, très souvent, ne se sent pas concernée par ces programmes, le problème de capacité technique et institutionnelle de l'équipe chargée de dérouler ces projets et programmes et le problème de l'exécution des budgets alloués à ces projets et programmes.

Le Sénégal dispose toutefois d'une structure dénommée « Unité de coordination et de suivi de la politique économique » (UCSPE). De même, il existe un Programme triennal d'investissement. Ainsi, tous les mécanismes gouvernementaux de la coordination et de l'utilisation du financement externe sont effectués en synergie avec les partenaires bilatéraux et multilatéraux du Sénégal. Dans quelques cas, des fonds sont levés en accord avec la BCEAO sur le marché financier de la zone UEMOA. Toutefois, la coordination entre les fonctions de planification et de budgétisation doit être renforcée.

En l'état actuel de nos connaissances, la planification est quasi inexistante au Sénégal et lorsqu'elle existe, elle est reléguée au second plan dans la prise de décision. En effet, une attention accrue est donnée à la prévision à court terme. La politique de l'État étant basée principalement sur la conjoncture, il en découle des distorsions importantes dans l'exécution du plan. Il existe toutefois une Direction générale du plan qui est chargée d'identifier les principaux axes de développement du pays à moyen terme. Mais, ces dernières années, ces plans quinquennaux ne sont plus publiés. Il s'ensuit un manque de synchronisation entre la vision des politiques et la disponibilité des ressources au niveau du Budget. La coordination inter agence pour l'implémentation du plan est inexistante. Il existe toutefois un Cadre de dépense à moyen terme (CDMT) dont l'objectif est de garantir une meilleure allocation des ressources publiques au niveau national et sous-sectoriel. Il permet également d'améliorer la prédictibilité des flux financiers provenant des principaux canaux de financement et par conséquent, d'accroître l'efficacité de l'utilisation des ressources disponibles. Cependant, le plan souffre encore pour asseoir une planification acceptée par tous les partenaires. À ce titre, une meilleure coordination doit être envisagée en se basant sur de nouveaux outils scientifiques de la planification.

Sur le plan des publications, nous avons plusieurs structures qui publient des données officielles pour le Sénégal. Outre l'Agence nationale de la statistique et de la démographie (ANSD), il existe des structures importantes comme la Direction de la prévision et des études économiques, le Centre d'études de politiques pour le développement (CEPOD), la Direction générale des impôts et domaines (DGID), la Direction générale de la douane (DGD), l'UCSPE et des directions spécialisées qui ont un mandat spécial de publication des données dans leurs domaines de compétences.

L'ANSD effectue des publications mensuelles, trimestrielles et annuelles. Les premières tournent autour de l'Indice harmonisé des prix à la consommation, l'Indice national des prix à la consommation, le Bulletin mensuel des statistiques économiques, la Note sur l'indice de production industrielle, l'Indice des prix à la production industrielle, les Repères statistiques (publication mensualisée depuis janvier 2010) et l'Indice mensuel des prix du commerce extérieur. Les secondes portent sur la Note d'analyse trimestrielle des prix à la consommation, la Conjoncture dans l'industrie (cette publication a remplacé l'Indice de la production industrielle depuis début 2009), le Bulletin des statistiques du commerce extérieur (publication mensualisée depuis janvier 2010) et le Bulletin trimestriel de statistiques. Enfin, les publications annuelles ont trait à la Note d'analyse du commerce extérieur, l'Évolution annuelle de l'indice harmonisé des prix à la consommation, la Situation économique et sociale du Sénégal, la Situation économique et sociale des régions, la Banque de données économiques et financières, la Banque de données des indicateurs sociaux et l'Analyse des comptes nationaux du Sénégal. L'ANSD est une structure autonome et fiable grâce à ses publications régulières et de qualité. Elle est un support très utile pour la communauté des chercheurs et des institutions de développement au Sénégal. Ces publications prennent en compte les changements économiques et sociaux du pays.

Une analyse fine des stratégies de développement au Sénégal met en lumière une inefficience dans leur mise en œuvre. Le véritable problème provient d'une inadéquation avec les stratégies de développement qui sont élaborées et leurs mises en application. En effet, un problème de gouvernance se pose et les points suivants restent à améliorer sur le plan de la gouvernance administrative :

- la modernisation des structures administratives,
- la valorisation des ressources humaines,
- l'articulation intelligente des différents programmes,
- la promotion du processus participatif dans l'action publique,
- la simplification des procédures administratives.

Malgré l'amélioration de l'efficacité du service public, l'administration publique reste confrontée à un manque d'efficacité compte tenu des contraintes suivantes :

- l'instabilité institutionnelle et les défis qui en résultent dans le cadre de la synergie et de la coordination permanentes des initiatives qui visent les mêmes objectifs ou sollicitent les mêmes ressources,
- l'externalisation à outrance de fonctions administratives sous forme d'agences d'exécution,
- l'insuffisance du suivi et de l'évaluation de l'action publique.

SECTEUR PRIVÉ ET ENVIRONNEMENT DES AFFAIRES

Se définissant par opposition au secteur public, le secteur privé constitue la principale source de création et d'accumulation de richesses. L'appréciation de l'évolution du secteur privé doit reposer sur une identification la plus précise possible de ses composantes et de ses besoins.

Au préalable, il importe de rappeler qu'il est couramment admis que la notion de « secteur privé » désigne la partie de l'économie nationale qui concerne l'activité des entreprises ou entités économiques dont la majorité du capital ou de la propriété est détenue en propre par un ou plusieurs individus.

Dans le contexte spécifique du Sénégal, outre les activités agropastorales et artisanales traditionnelles, le secteur privé est généralement considéré à travers sa partie moderne et celle dite « informelle ».

Outre les investisseurs étrangers, le secteur privé moderne comprend les profils suivants :

- les acteurs économiques provenant du secteur de l'économie populaire principalement urbaine ;
- les déflatés du secteur public et parapublic ayant perdu leur emploi salarié souhaitant s'assurer des revenus qui leur permettent de s'assumer ;
- les entrepreneurs qui, parce qu'ils l'ont voulu ou suite à des mesures de compression de personnel, souhaitent monter une affaire ;
- les opérateurs traditionnels en milieu rural ;
- les individus qui sont à leur propre compte.

TYPOLOGIE ET STRUCTURATION DU SECTEUR PRIVÉ

À l'instar d'un certain nombre de pays en développement, le secteur privé au Sénégal est caractérisé par sa diversité.

En effet, en termes de niveau ou de système d'organisation des entreprises, du profil des entrepreneurs, de leur nationalité, de leur origine et de leur vision de leurs intérêts et de la lecture qu'ils ont du développement économique et social, le secteur privé au Sénégal est caractérisé par une grande pluralité.

Une des raisons de ce phénomène est le caractère « émergent » de ce secteur en tant qu'entité et force sociales. Le secteur privé au Sénégal, de par l'histoire économique et politico sociale du pays, est en pleine mutation. Ainsi, l'évolution du secteur privé, sa composition et les intérêts qu'il a représentés restent intimement liés à l'histoire économique et sociale du Sénégal. Mais, il est également important de préciser que le secteur privé sénégalais a toujours su s'adapter à ce contexte en perpétuelle mutation, montrant ainsi son dynamisme et sa capacité d'adaptation.

Ainsi, plus de quarante ans après l'indépendance du Sénégal, la population diversifiée des entreprises du secteur privé ne peut faire l'objet que d'une segmentation subjective, compte tenu de l'absence d'informations statistiques fiables dans le secteur et d'une typologie standardisée.

Le secteur privé est composé d'une mosaïque d'entreprises et d'entrepreneurs où cohabitent en effet un secteur moderne structuré d'une part, et un secteur de l'économie populaire communément appelé « informel » et peu structuré au niveau de l'organisation interne des entreprises la composant, d'autre part.

Une segmentation de ce secteur privé peut être ainsi faite en fonction de la taille et du type d'organisations de l'entreprise. La nomenclature communément adoptée par l'Agence nationale de la statistique et de la démographie (ANSD) et les analystes font état de trois grands segments : les grandes entreprises, les petites et moyennes entreprises et les entreprises du secteur informel. Il faut reconnaître que la distinction entre ces différents segments n'est pas toujours aisée.

Une précision de la nomenclature ci-dessus énumérée est présentée ci-dessous.

Dans le secteur privé moderne :

- la grande entreprise : souvent filiale ou partenaire d'une multinationale, elle est généralement définie comme celle ayant plus de 100 employés permanents ou avec plus de 500 millions de francs CFA de capital versé ;
- la moyenne/petite entreprise : en général, elle est à capitaux familiaux et organisée de façon moderne. Elle emploie souvent 5 à 100 employés et a moins de 500 millions de francs CFA de chiffre d'affaires. Elles sont localisables, car occupant un lieu fixe, font l'objet d'enregistrement auprès des autorités compétentes, tiennent des comptes réguliers et s'efforcent très souvent de distinguer l'identité de l'entreprise de celle des principaux propriétaires ou promoteurs

Dans le secteur dit informel : on peut distinguer ici des problématiques relativement différentes :

- les entreprises artisanales de type traditionnel,
- la petite ou micro-entreprise, à scinder elle-même en plusieurs catégories d'entreprises si l'on s'appuie sur des critères comme l'importance de l'accumulation du capital, la valeur ajoutée, les potentialités de croissance vers une entreprise de type moderne ou la trajectoire ou le profil des chefs d'entreprise.

LE SECTEUR MODERNE STRUCTURÉ

Schématiquement, l'on retient que les entreprises du secteur moderne (grandes, moyennes ou petites) dominent le secteur secondaire et les activités financières. Ces entreprises disposent d'une organisation qui correspond aux normes et standards internationaux. Le secteur moderne réalise l'essentiel des performances dans le secteur industriel, du tourisme ou dans le secteur financier, mais également dans les domaines maritimes et portuaires.

Ces entreprises sont d'origine très diverse et incluent notamment d'anciennes entreprises dont la création est antérieure à l'indépendance, mais aussi des sociétés plus récentes à capitaux sénégalais ou étrangers. Les entreprises nouvellement privatisées appartiennent également à cette catégorie d'entreprises.

Pour favoriser le développement des entreprises modernes, l'État a mené par le passé une forte politique d'incitations. Ainsi, après l'indépendance, le système des conventions spéciales en était progressivement venu à dominer le marché. Au milieu des années 80, les entreprises soumises à ce régime représentaient 75 % de la valeur ajoutée dans l'industrie agroalimentaire (à l'exclusion de la pêche), 68 % dans les secteurs des textiles et du cuir et 90 % pour les matériaux de construction. Les mesures incitatives ont donc été faussées et les taux de protection effective ont atteint des niveaux considérables (par exemple, plus de 300 % pour la farine et le sucre), d'où des coûts de production élevés.

La conséquence de ce régime restrictif est un secteur industriel structuré (en particulier le secteur manufacturier), relativement ancien (l'âge moyen des entreprises étant de 24 ans, soit plus du double de celui des sociétés du Cameroun et de la Côte d'Ivoire). Pendant la majeure partie de la période qui a suivi l'accession à l'indépendance, ce secteur est resté tourné vers l'intérieur, cherchant surtout à créer des activités de substitution aux importations. Aujourd'hui, les principaux sous-secteurs industriels sont l'alimentation, le tabac, le bâtiment, les travaux publics et les produits chimiques. Ils sont encore fortement tournés vers le marché intérieur. Les entreprises parapubliques dominent dans le secteur de l'huile d'arachide et de l'industrie minière (phosphates).

LE SECTEUR DIT « INFORMEL »

Le secteur informel au Sénégal, catalysé par la libéralisation, trouve son origine dans l'urbanisation accélérée, alimentée en grande partie par le phénomène d'exode rural qui s'est particulièrement développé à la suite des périodes de sécheresse des dernières décennies. Beaucoup d'analphabètes et un grand nombre de jeunes qui, à la sortie du lycée ou de l'université, ne trouvaient pas d'emploi dans le secteur formel ont investi le secteur informel et contribuent à son développement. Leur approche traditionnelle de la gestion, jointe au fait qu'ils préfèrent ne pas être soumis à des règlements complexes, à la fiscalité et à des contrôles de l'État, est l'un des facteurs qui empêchent les entrepreneurs du secteur informel de passer dans le secteur formel.

La majorité des entrepreneurs du secteur informel sont Sénégalais et relativement jeunes (25 à 44 ans) et environ 40 % d'entre eux viennent de zones rurales. Seul environ un tiers d'entre eux est alphabétisé. Cette situation explique en partie pourquoi ils ne parviennent pas généralement à se soumettre aux règles d'administration et de gestion en vigueur dans les entreprises modernes.

Outre l'agriculture, le secteur informel est surtout dominé par le tertiaire qui est largement organisé en petites ou micro-entreprises, dans le commerce et les autres services.

C'est ainsi que le secteur du commerce est très investi par les acteurs de l'informel qui sont parvenus à acquérir une position dominante dans les activités d'importation.

Le grand commerce d'importation déploie des efforts importants aujourd'hui pour se moderniser et s'intéresser progressivement aux activités de fabrication. Il éprouve beaucoup de difficultés à sortir de l'ambiguïté de ses relations avec l'État, notamment les administrations fiscales et sociales.

Le secteur informel joue un rôle prépondérant sur le plan économique, mais malgré son dynamisme, il est caractérisé par une faible dotation en capital et une productivité médiocre. Les statistiques de la comptabilité nationale du Sénégal n'ayant pas toujours les moyens de mesure précise, l'on évalue l'importance du secteur informel en soustrayant les données concernant le secteur formel des grands agrégats de la comptabilité nationale. Selon des estimations portant sur 1988, le secteur informel aurait généré la moitié du PIB, 90 % des emplois et un cinquième des investissements au Sénégal.

Les entreprises informelles sont aussi largement représentées dans le secteur secondaire, notamment dans la production artisanale, le bâtiment et les travaux publics. Les activités manufacturières, qu'elles relèvent du secteur structuré ou non, portent surtout sur la production de biens de consommation plutôt que sur l'industrie lourde ou la production de biens intermédiaires.

LES ORGANISATIONS DU SECTEUR PRIVÉ

Bien avant l'indépendance, le secteur privé a senti la nécessité de se regrouper en associations afin de défendre ses intérêts et de promouvoir le dialogue avec, d'une part, les pouvoirs publics et d'autre part, les syndicats de travailleurs.

L'histoire du mouvement patronal au Sénégal est relativement ancienne. En effet, depuis plusieurs décennies, les opérateurs économiques se sont dotés d'organisations patronales plus ou moins structurées. Ainsi, avant l'accès du Sénégal à l'indépendance existaient déjà l'Union des syndicats d'industries (UNISYNDI), le Syndicat patronal de l'Ouest africain (SYPAOA) et le Syndicat des importateurs et exportateurs (SCIMPEX). Ces syndicats étaient constitués pour l'essentiel d'entreprises à capitaux étrangers.

Au lendemain des indépendances, pendant que l'État déploie plusieurs efforts pour promouvoir une classe nationale d'opérateurs économiques, plusieurs groupements ont vu le jour à côté des structures héritées de l'ère coloniale.

C'est ainsi que naquirent les Groupements économiques du Sénégal (GES), regroupant essentiellement des commerçants sénégalais suite à une fusion de l'UNIGES et du COFEGES.

Les programmes de « sénégalisation » des postes d'encadrement dans le secteur privé, menés sous l'impulsion de l'État du Sénégal, la création d'unités nouvelles de production de biens et services, les difficultés nées de la mise en application du plan d'ajustement, entraîneront l'émergence d'un leadership national nouveau qui s'est regroupé au sein d'une organisation multisectorielle : le Conseil national des employeurs du Sénégal (CNES) en 1983.

Constatant une atomisation et une dispersion de leurs efforts, les responsables des principales associations patronales ont œuvré pour la mise en place d'un cadre commun. Ces actions menées de part et d'autre ont abouti à la création du Conseil national du patronat du Sénégal (CNP) en 1987, entraînant la dissolution de l'UNISYNDI. Le CNP regroupe plus d'une dizaine d'associations professionnelles ayant conservé leur personnalité juridique propre, dont le Syndicat professionnel des industries et des mines du Sénégal (SPIDS), l'Association profession-nelle des banques et établissements financiers (APB), le SCIMPEX (commerce), Le SPEBTPS (bâtiment et travaux publics), l'ASPROCOS (consultants), le SATS et le SETTAS (transitaires, transport maritime), etc. L'essentiel des entreprises à capitaux majoritairement étrangers, plus particulièrement français, se retrouve au CNP.

En 1993, le CNES, suite à des divergences au sein du CNP portant sur les modalités de l'unification patronale, de la vision du développement économique et social du Sénégal et du rôle que les entreprises et les organisations patronales doivent jouer dans ce cadre, prend la décision de se retirer de cette dernière. Le CNES modifie ses statuts et devient la Confédération nationale des employeurs du Sénégal (CNES) composée de fédérations professionnelles que sont : l'industrie, le commerce, le bâtiment et travaux publics, les professions libérales, l'assurance, les transitaires et transporteurs, l'éducation et la formation privées, à côté d'organisations professionnelles. La CNES regroupe l'essentiel des entreprises sénégalaises du secteur moderne les plus représentatives dans leur domaine d'activités.

Le développement fulgurant au début des années 1980 du secteur dit informel, conséquence directe de la libéralisation des importations pour certains types de produits, notamment des biens de consommation, et les problèmes de ce secteur avec les administrations des douanes et du contrôle économique entraîneront la création d'un certain nombre d'organisations regroupant des opérateurs économiques du secteur informel. C'est ainsi que naquit l'Union nationale des commerçants et industriels du Sénégal (UNACOIS), créée par d'anciens membres des GES à la fin des années 1980. La contribution de cette organisation particulièrement dynamique au débat économique en fait aujourd'hui une des composantes essentielles du paysage patronal du Sénégal.

Dans le milieu des années 1990, d'autres importantes organisations du secteur informel virent le jour telle l'Organisation des commerçants, agriculteurs, artisans et industriels du Sénégal (OCAAIS), née de la volonté d'opérateurs économiques originaires de la région nord du Sénégal, parmi lesquels les plus gros importateurs du pays, regroupés autour de l'Association des commerçants ressortissants du fleuve (ACRF) dont l'existence ne datait que d'une dizaine d'années. L'on retrouve parmi ces opérateurs les plus gros importateurs du Sénégal ainsi que d'anciens émigrés qui ont fait fortune en Afrique centrale et australe dans le commerce des pierres précieuses. Les activités de l'OCAAIS portent essentiellement sur la défense des intérêts de ses membres et la promotion de leurs activités, notamment dans l'agriculture au niveau de la vallée du fleuve Sénégal.

Cette même dynamique entraînera la création du Rassemblement des opérateurs économiques du Sénégal (ROES) dont les objectifs restent similaires et qui est composé également d'importateurs et d'opérateurs économiques des secteurs de la boulangerie, du bâtiment, etc.

Les femmes chefs d'entreprises, particulièrement dynamiques dans ce secteur de l'importation, créeront également leurs organisations. L'Association des femmes d'affaires et commerçantes (AFAC) et le Réseau africain pour le soutien à l'entreprenariat féminin (RASEF) constituent les formes les plus achevées de cette volonté de s'organiser.

Cette première identification des organisations patronales au Sénégal offre le panorama suivant :

Au niveau du secteur moderne structuré :

- le Conseil national du patronat du Sénégal (CNP),
- la Confédération nationale des employeurs du Sénégal (CNES).

Loin de rassembler la totalité des entreprises du secteur moderne structuré, ces deux organisations regroupent néanmoins les principales entreprises, en termes d'importance économique.

Au niveau du secteur dit « informel » :

- l'Association des femmes d'affaires et commerçantes (AFAC),
- les Groupements économiques du Sénégal (GES),
- l'Organisation des commerçants, agriculteurs, artisans et industriels du Sénégal (OCAAIS)
- le Réseau africain pour le soutien à l'entreprenariat féminin du Sénégal (RASEF),
- le Rassemblement des opérateurs économiques du Sénégal (ROES),
- l'Union nationale des commerçants et industriels du Sénégal (UNACOIS).

Ces organisations sont les plus représentatives du secteur informel, regroupant la très grande majorité des opérateurs économiques de ce secteur, des plus grands commerçants et importateurs du Sénégal aux petits commerçants ambulants, sans compter les commerçants de la diaspora sénégalaise, établie en Europe, en Afrique, aux États-Unis et en Asie.

En 1996, la plupart de ces organisations, déplorant la dispersion de leurs efforts face aux enjeux économiques nationaux et internationaux, au rôle désormais consacré du secteur privé en tant que moteur de la croissance et à la nécessité de donner un élan nouveau à la concertation et afin de renforcer l'efficacité et la crédibilité du patronat, décident de créer un cadre minimum de concertation, de coordination, de représentation et d'action.

C'est ainsi que naquit la Coordination patronale du Sénégal (CPDS) avec comme membres fondateurs l'AFAC, la CNES, le CNP, l'OCAAIS, le RASEF, le ROES et l'UNACOIS (celle-ci s'est par la suite retirée de la CPDS) et la Chambre de commerce, d'industrie et d'agriculture de Dakar agissant en tant que facilitateur actif.

L'avènement de la CPDS marque sans aucun doute un tournant historique dans l'histoire du mouvement patronal au Sénégal, avec la première tentative crédible de faire un pas vers l'unification de l'ensemble du mouvement patronal, secteurs formels et informels compris.

Malgré ces relatives faiblesses organisationnelles, inhérentes à toute organisation naissante, la CPDS a grandement contribué à la promotion du secteur privé et à l'amélioration de la qualité et de l'efficience de la concertation avec les pouvoirs publics, dans le cadre du Comité général de concertation pour le développement qu'elle a contribué à mettre en place.

La CPDS est aujourd'hui reconnue comme un interlocuteur incontournable et privilégié des pouvoirs publics, des travailleurs et des partenaires au développement.

Ce panorama du paysage des organisations du secteur privé doit cependant être complété par l'apport de plus en plus important d'autres groupements appelés à jouer un rôle croissant dans la promotion du secteur privé.

Le secteur artisanal, occupant une importance centrale dans la mise en œuvre de la stratégie de développement économique du Sénégal, est organisé autour des chambres des métiers régionales et l'Union nationale des chambres de métiers (UNCM) assurant leur coordination au niveau national.

Un certain nombre d'entrepreneurs, faisant écho au développement de l'intégration régionale africaine, ont décidé de créer au début des années 1990 un réseau d'entrepreneurs d'Afrique de l'Ouest francophone et anglophone afin de promouvoir le partenariat et la promotion conjointe du secteur privé. Ce mouvement fut à l'origine de la création du Réseau de l'entreprise en Afrique de l'Ouest (REAO) dont la représentation au Sénégal est assurée par le RESEN.

Cette organisation contribue activement à la mise en place d'une représentation sous-régionale du secteur privé et est désormais reconnue comme interlocuteur au niveau national comme auprès des institutions communautaires. Il est à noter que la majorité des membres du RESEN sont par ailleurs membres des principales organisations patronales sénégalaises.

Ces organisations représentent de jeunes entrepreneurs actifs dans des secteurs de services ou industriels tournés vers les nouvelles technologies de l'information et de la communication.

Elles bâtissent progressivement leur vision et développent des positions et points de vue sur des questions aussi importantes que la concertation, la promotion du secteur privé et le développement économique et social.

Évolution et poids du secteur privé

Le secteur privé sénégalais, vaste et manifestement dynamique, joue un rôle prépondérant dans l'économie.

Malgré la nature controversée de ce type de statistiques, les sources nationales et internationales autorisées admettent que la croissance globale de l'économie sénégalaise depuis 1995 traduit une bonne performance du secteur privé, qui contribue à hauteur d'environ 87 % au PIB et assure 100 % de la valeur ajoutée dans le secteur primaire, 86 % dans l'industrie (y compris la production de denrées alimentaires...) et 77 % dans les services.

Selon ces mêmes sources, la contribution du secteur privé sénégalais à la création de richesses est estimée en 1998 à 82 % du PIB.

L'ensemble du secteur moderne a contribué pour environ 26 % au PIB du pays en 1987 contre 61% pour le secteur dit informel.

Cette contribution appréciable du secteur privé à l'effort de développement ne doit pas cacher les contraintes majeures qui pèsent sur lui, qui constituent le principal blocage à son développement et l'empêchent de jouer un rôle encore plus important dans la conduite des politiques de développement.

Vers le milieu des années 80, la population active était d'environ 2 millions de personnes, dont 10 % seulement dans l'industrie, moins de 2 % dans les industries manufacturières modernes (soit 41 500 emplois en 1985). En 1990, celles-ci ne comptaient plus que 38 000 emplois.

La croissance moyenne de la valeur ajoutée des industries manufacturières dans la comptabilité nationale est estimée à 4,5 % par an pour la période 1985-1991, mais elle a été entièrement le fait des activités du secteur informel, car selon l'indice de production manufacturière, la production du secteur manufacturier structuré a diminué.

Du point de vue de la contribution au PIB, à l'emploi et à l'investissement, l'économie sénégalaise est dominée par le secteur privé. Cependant, la réaction au niveau de l'offre que l'on attendrait normalement du secteur privé en réponse aux diverses mesures de réforme économique a été extrêmement limitée. Cela tient essentiellement au fait que le contrôle considérable que l'État exerce sur l'activité économique, tant dans le secteur public que dans le secteur privé, a empêché dans une large mesure la concurrence de jouer au niveau de l'allocation des ressources et de stimuler la recherche de l'efficacité économique.

La plupart des activités du secteur privé sont rurales et informelles et elles emploient 90 % de la population active. Le secteur privé moderne n'emploie que 2 % de la population active. Les entreprises informelles jouent un rôle prédominant dans le primaire et le tertiaire, c'est-à-dire l'agriculture, le commerce et les transports. C'est ainsi que la plus grande partie du commerce de détail et une partie importante des importations de biens de consommation sont le fait d'entreprises informelles. Dans le secteur secondaire, celles-ci jouent un rôle prédominant dans divers domaines tels que la ferronnerie, l'ameublement, le textile et le travail du cuir.

L'ensemble du secteur moderne a contribué pour environ 26 % au PIB du pays en 1987, avec pour principales activités le traitement des denrées, les produits chimiques, le bâtiment, le commerce, les transports et le tourisme. En 1988, l'on a estimé que ce secteur comptait environ 1 000 entreprises, dont 264 dans l'industrie, 69 dans le bâtiment et les travaux publics et 667 dans les services (63 dans l'hôtellerie et le tourisme).

Les industries alimentaires ont attiré dans la majorité des investisseurs privés.

Les industries du textile et du vêtement ont également attiré les capitaux privés.

En dépit de son rôle prépondérant dans le domaine industriel, le secteur privé sénégalais a donné des résultats décevants. La croissance industrielle globale a ralenti au cours des dix dernières années, les faillites ont été nombreuses et les investissements directs étrangers ont diminué.

Le fait que le secteur privé ne soit pas parvenu à jouer un rôle plus marqué pour stimuler la croissance de l'économie peut être largement attribué aux rigidités et à l'inefficacité de la gestion économique extrêmement dirigiste appliquée depuis l'indépendance.

Le secteur privé au Sénégal présente un profil atypique. Il est dominé par les activités tertiaires et confronté à une contrainte rigide d'accès au financement, particulièrement pour les PME. Il comprend environ une trentaine de grandes entreprises, pourvoyeuses de l'essentiel des recettes fiscales, 250 000 petites et moyennes entreprises parmi lesquelles 33 000 sont enregistrées, et le secteur informel. Pour la promotion des PME, les autorités sénégalaises au premier trimestre 2011 ont mis en œuvre la Loi d'orientation sur les PME et l'examen de la possibilité de réaliser des PPP avec les collectivités locales.

Même si les statistiques de la comptabilité nationale du Sénégal n'ont pas toujours les moyens de mesure précise des grands agrégats du secteur informel, l'on estime que ce secteur génère environ la moitié du PIB, 90 % des emplois et un cinquième des investissements. Les entreprises informelles jouent en effet un rôle prédominant dans les secteurs primaire, secondaire et tertiaire. Elles sont aussi largement représentées dans la production artisanale, le bâtiment et les travaux publics. Par ailleurs, dans un pays à forte tradition d'émigration, d'étroites relations sont tissées entre le secteur informel et la diaspora, particulièrement les commerçants établis à l'étranger. Au plan interne, des commerçants évoluant dans l'informel sont aussi liés à d'importants grossistes appartenant au secteur moderne. Des circuits à la fois importants et complexes sont ainsi noués tant sur le marché intérieur que dans d'autres régions du monde.

Durant la décennie écoulée, le Sénégal a élaboré et adopté sa stratégie de développement du secteur privé et mis en œuvre une série de réformes pour améliorer le climat des affaires. Sous l'impulsion du Conseil présidentiel pour l'investissement, les réformes ont porté sur la participation du secteur privé, la facilitation des affaires et la compétitivité. Il a ainsi été adopté un cadre législatif PPP et Build Operate & Transfer (BOT), notamment pour les infrastructures et les services d'utilité publique. Le volet renforcement de la compétitivité a été mis en œuvre à travers le programme de mise à niveau.

Les principaux obstacles au développement de l'investissement privé au Sénégal sont liés à la faiblesse des opportunités d'affaires et l'accès insuffisant au financement. En effet, il existe d'importantes sources de distorsions limitant le développement du secteur privé. Ce sont les surcoûts supportés par les opérateurs privés résultant : (i) d'un environnement des affaires peu favorable à l'activité économique ; (ii) la longueur des délais dans l'accomplissement des formalités fiscales ; (iii) du contrôle insuffisant de la corruption ; (iv) des dysfonctionnements du système judiciaire ; (iv) des coûts des facteurs de production élevés, liés au coût du travail et à l'insuffisance d'infrastructures de qualité ; et (v), de la faible dotation en capital et sa médiocre productivité.

L'amélioration de la performance et du cadre de l'investissement constitue un passage obligé pour la problématique de la compétitivité et le développement du secteur privé. En dehors des obstacles liés aux opportunités d'affaires, il existe également des contraintes de financement tant au niveau de l'accès que du coût. Malgré l'existence d'un secteur financier solide et en pleine expansion, le financement bancaire est caractérisé par la forte concentration des crédits en faveur des grandes entreprises et par des niveaux de garanties très élevés. Pour développer le financement de l'investissement initial et/ou d'expansion des PME/PMI, il s'avèrera nécessaire d'introduire de nouvelles politiques sur la question des garanties, la transformation des ressources courtes en ressources longues, la création de produits alternatifs au crédit bancaire et le financement décentralisé.

NATURE DU SECTEUR PRIVÉ

Pour l'essentiel, l'économie est à forte dominance informelle. L'analyse des comptes nationaux de 2007 met en évidence que le ratio valeur ajoutée du secteur moderne/valeur ajoutée totale fluctue entre 45,1 % en 2003 et 48,4 % en 2007. L'on observe une augmentation de la part du secteur moderne sur la période de 2003 à 2007, toutefois la forte prépondérance du secteur informel dans l'économie sénégalaise est toujours marquée.

Tableau 13 : Sénégal, part du secteur moderne dans la valeur ajoutée globale (2003-2007)

		2003	2004	2005	2006	2007
PIB	prix constants de 1999 (milliards de FCFA)	3670	3 886	4 104	4 204	4 404
Secteur moderne/VAB	%	45,1 %	46,6 %	46,1 %	47,0 %	48,4 %

Source : ANSD et calculs des auteurs.

Le Sénégal a fait beaucoup d'efforts relatifs à l'environnement des affaires. Les autorités sénégalaises ont commencé ces dernières années à améliorer l'environnement des affaires en simplifiant certaines des règlementations existantes dans les domaines de l'enregistrement des entreprises et des taxes. Le pays se classe ainsi à la première place en Afrique par le rapport *Doing Business* de 2009 (voir Annexe : tableau 22). Il est également classé cinquième par les dix meilleurs réformateurs au monde, toujours pour l'année 2009. Malgré ces avancées, des efforts supplémentaires seront nécessaires pour mettre le secteur privé dans les conditions internationales. Les grands projets de l'État sénégalais en cours sont la construction du nouvel aéroport international à Diass pour un coût d'investissement estimé à 230 milliards de FCFA ; la construction de l'autoroute à péage Dakar-Diamniadio dont le coût est estimé à 300 milliards ; la mise en place de l'intranet gouvernemental pour un coût d'investissement estimé à 50 milliards et enfin, l'octroi d'une licence mobile/fixe/Internet dans le cadre du service universel dans la région de Matam. Tous ces investissements peuvent participer à l'amélioration du niveau de l'activité économique et à la performance des entreprises installées au Sénégal.

PARTENARIAT PUBLIC-PRIVÉ

Le partenariat public-privé est pour l'essentiel assez dynamique. Il existe plusieurs structures en charge de ce partenariat. Ainsi, au niveau de la présidence de la République, l'on retrouve le CPI, l'ADIE et l'APIX. Au niveau de la primature, les instances publiques en charge du partenariat public-privé sont le ministère des Finances, la Stratégie de croissance accélérée et le CEPOD. Les agences de régulation chargées de faire respecter les partenariats publics-privés sont principalement l'Agence de régulation des marchés publics (ARMP) et l'Agence de régulation des télécommunications et des postes (ARTP). Trois textes principaux traduisent la volonté du Sénégal de développer ces partenariats publics-privés :

- la Loi du 13/02/2004 relative aux contrats de construction-exploitation-transfert d'infrastructure dite Loi « CET », amendée en 2009. Cette loi « s'applique à tous les contrats par lesquels, une collectivité locale, un établissement public ou une société publique à participation majoritaire, dite autorité concédante, confie à une tierce personne privée, dite opérateur du projet, tout ou partie des missions suivantes : le financement d'une infrastructure d'utilité publique, la conception, la construction, l'exploitation, l'entretien. »

- La Loi du 30/06/2006 qui modifie le Code des obligations de l'Administration. L'Article 10 du Code donne la définition des deux formes possibles de participation des personnes privées à l'exécution du service public : la DSP et le CP.

- Enfin, le nouveau Code des marchés publics de 2007 encadre la passation et le contrôle des contrats liés au partenariat public-privé.

Les PPP étant un cadre de concertation entre l'État et le secteur privé constituent une alternative importante à la résolution de grands problèmes, à l'instar du financement optimal des infrastructures socioéconomiques (aéroport, transport, énergie, NTIC, éducation, santé, défense, route). Les grands projets de l'État sénégalais financés en synergie avec le PPP sont :

- *construction de l'aéroport international de Diass ;*
- *construction de l'autoroute à péage Dakar-Diamnadio ;*
- *livraison des cartes d'identités et d'électeurs numériques ;*
- mise en place de l'internet gouvernemental ;
- octroi d'une licence mobile/fixe/Internet dans le cadre du service universel dans la région de Matam.

Analyse des trois produits à promouvoir pour les exportations

Camara El Hadji Alioune

L'analyse des trois produits que le Sénégal devrait promouvoir pour ses exportations va se faire en deux temps. Nous allons, dans le premier temps, partir de l'évolution de la structure des échanges et identifier des produits où le Sénégal a des avantages comparatifs par rapport à ses principaux partenaires. Aussi, le choix de ces produits devra être dicté par leur apport aux recettes d'exportations et la création d'emplois. La deuxième stratégie pour identifier les exportations potentielles du Sénégal va s'appuyer sur l'approche proposée par Lin et Monga (2010).

L'approche par l'analyse de la structure des échanges

La structure des échanges du Sénégal reste dominée par des produits traditionnels. L'expérience de la Chine et de bien d'autres pays du Sud-est asiatique montre qu'une redynamisation de la croissance à moyen et long termes des pays en développement doit passer nécessairement par la promotion de leurs exportations. Cependant, la structure des exportations au Sénégal a relativement peu évolué depuis l'indépendance. En effet, l'essentiel des exportations reste limité à des produits traditionnels pas transformés, à savoir l'arachide et la pêche. Par contre, les produits chimiques forment l'essentiel des exportations de produits manufacturés, en vertu de la transformation des phosphates en acide phosphorique et en engrais suivi du pétrole raffiné et du secteur de la cimenterie qui viennent en seconde position. Les exportations non traditionnelles, composées de produits horticoles et du sel commencent à émerger et gardent une évolution croissante.

Les exportations traditionnelles

Graphique 5 : Sénégal, évolution des taux de croissance des principaux produits d'exportation traditionnelle

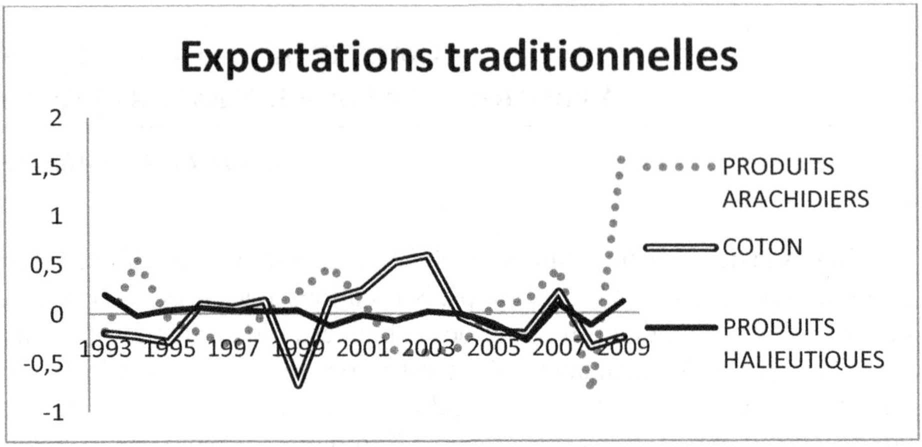

Source : calcul à partir des données de la BCEAO (BDP, 1992-2005 et 2005-09)

Les exportations des produits arachidiers sont en perte de vitesse ces dernières années. Entre 1992 et 2001, l'on a noté une bonne tenue des produits arachidiers avec une contribution de 17 % en moyenne dans les exportations totales par année. Cependant, à partir de 2001, les produits arachidiers n'ont cessé de chuter avec un taux de croissance annuel très erratique (Graphique 5). L'essentiel des exportations des produits arachidiers est constitué des tourteaux d'arachide (Graphique 8.1). Aussi, si les exportations du Sénégal en huile brute ont connue des augmentations jusqu'en 2001 avec 120 000 tonnes la même année, celles-ci ont rapidement chuté, passant de 123 100 tonnes en 2001 à 83 200 tonnes en 2002. Ce fléchissement s'explique par la venue d'un nouveau sur le marché, à savoir l'huile de tournesol qui concurrence fortement l'huile d'arachide, en témoigne la relative difficulté pour l'huile d'arachide à retrouver son regain de croissance.

Les rentrées de devises à partir des exportations restent dominées par les produits halieutiques. En effet, sur la période 1992-2009, les recettes d'exportation sont constituées de la vente des produits halieutiques destinés principalement à l'Europe. Depuis 1995, l'on note une chute du taux de croissance annuel en volume des exportations de produits halieutiques qui passe de 14 % en 1995, à 7 % en 1996 et 5 % en 2009 (Graphique 8.3). Cet effondrement s'explique par une surexploitation des produits halieutiques. Pour l'essentiel, les produits halieutiques sont composés pour une très grande part par les produits congelés avec une moyenne annuelle de 65 000 tonnes, des conserves avec 12 000 tonnes, les produits frais et transformés fermant la marche avec respectivement 9 000 et 5 000 tonnes.

Les exportations sénégalaises du coton sont de plus en plus faibles. En annexe, le tableau 23 montre que les exportations de coton du Sénégal restent relativement faibles sur la période 1992-2009 avec une contribution inférieure à 5 % du total des recettes d'exportations. En revanche, le taux de croissance annuel des ressources provenant des exportations du coton reste pour l'essentiel positif avec un taux record de 80 % en 1994. Malgré une dévaluation intervenue la même année et qui devait garantir une compétitivité des produits sénégalais au niveau international, les exportations de coton ont connu en 1995, une chute vertigineuse. Selon PAN Africa (2002), cette baisse substantielle du taux de croissance est principalement due à l'augmentation des prix des intrants agricoles suite à la dévaluation. Cela a occasionné une diminution significative de l'utilisation des engrais et pesticides chimiques et en conséquence, la baisse de la production. À cela, il faut ajouter comme facteurs explicatifs le retard et la déficience de la pluviométrie[1].

Les exportations non traditionnelles

Graphique 6 : Sénégal, évolution des taux de croissance des principaux produits d'exportations non traditionnelles

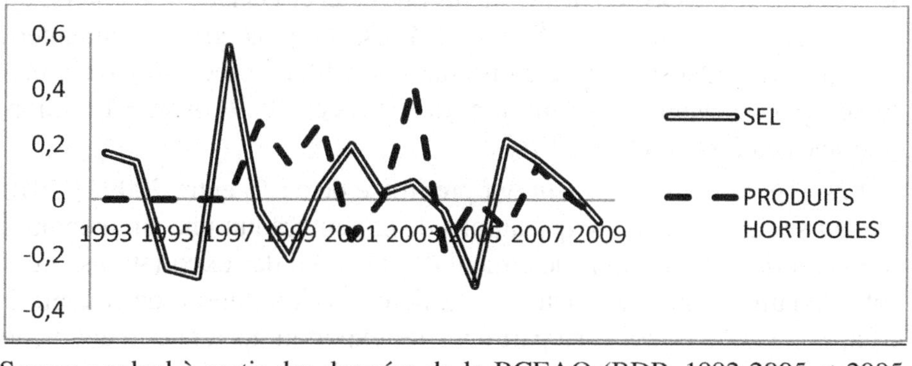

Source : calcul à partir des données de la BCEAO (BDP, 1992-2005 et 2005-2009)

[1] Installation dans la 3e décade de juin et arrêt brutal fin septembre.

Les produits horticoles participent significativement aux recettes d'exportations. Même si le taux de croissance annuel des recettes d'exportations reste cyclique entre 1992 et 2009, celui-ci est resté positif durant toute cette période à l'exception de 2005 et 2009, montrant ainsi la forte potentialité des exportations des produits horticoles. L'accélération du taux de croissance des recettes d'exportation de produits horticoles s'est accompagnée d'un accroissement plus que proportionnel du volume des exportations des légumes. En effet, le volume des exportations des légumes est de 3 600 tonnes en 1997 et de 9 300 tonnes en 2002, soit le double et il passe à 19 300 tonnes en 2009. Toutefois, il faut souligner une stabilité du volume des exportations de fruits, même s'il est resté timide durant la période 1992-2009 (en moyenne annuelle, inférieur à 5 %), exception faite pour l'année 2007 avec un record de presque 15 000 tonnes.

Les recettes des exportations de sel restent très marginales par rapport au total de ressources tirées des exportations. Malgré une évolution croissante du volume des exportations, l'on note une chute vertigineuse des recettes d'exportations annuelles de sel entre 2004 et 2005, passant de 1,71 à -0,18 point de croissance. Cette chute s'explique par une baisse tendancielle du prix du sel sur le marché international sur la même période qui est passé de 44,9 FCFA/kg à 44,3 FCFA/kg.

L'industrie du ciment reste par contre très dynamique. Elle contribue de plus en plus au renforcement des exportations du Sénégal. La production de ciment au Sénégal est assurée par la Société ouest-africaine des ciments (SOCOSIM), les Ciments du Sahel et Dangote cimenterie qui s'est récemment installée. SOCOSIM est la plus grande cimenterie d'Afrique de l'Ouest. Elle a été installée en 1948. La production de ciment au Sénégal est évaluée à 3,3 millions de tonnes en 2009 contre 3,1 millions de tonnes en 2008 (ANSD, 2010).

Les exportations de ciment ont progressé de 51 % entre 2009 et 2010. La hausse des recettes d'exportations de ciment traduit une augmentation de la part des exportations de ciment dans le total des exportations. Aussi note-t-on une progression nette et régulière des exportations de ciment. En effet, entre 2008 et 2009, sa part dans les exportations totales a augmenté de 35 %. Cette bonne tenue des exportations de ciment s'explique par une forte demande dans la sous-région, en particulier du Mali, principale destination des exportations de ciment du Sénégal. Cependant, le marché sous-régional reste sous-exploité. Selon le rapport du magazine britannique *International Cement Review* (2011), le Nigéria est le deuxième pays importateur de ciment au monde avec 7 millions de tonnes par an. Ainsi, si le Sénégal veut exploiter cette niche, il devra mettre en place des infrastructures routières, ferroviaires ou portuaires opérationnelles pour relier les différentes capitales de la CEDEAO.

Tableau 14 : Sénégal, évolution des volumes en milliers de tonnes et prix en FCFA/kg entre 2004 et 2010 pour les secteurs cimenterie, pétrole et sel.

		2004	2005	2006	2007	2008	2009	2010
Ciment	VOLUME	348,5	572,7	851,5	849,2	935,3	1 187,70	1 788,80
	PRIX	42,2	44,1	47,2	51,3	57,5	54,5	54,7
Pétrole	VOLUME	638,5	498,8	743,9	448,3	437,9	462,6	499,5
	PRIX	192	268,6	318	383,1	265,5	282,3	300,7
Sel	VOLUME	149	114,5	265,3	310,9	275,1	242,1	239,1
	PRIX	44,9	44,3	44,9	47,2	48,4	51,3	51,3

Source : BCEAO

Les exportations manufacturées non traditionnelles

L'essentiel des exportations manufacturées non traditionnelles est composé des phosphates et produits dérivés, la cimenterie et les produits pétroliers. Au demeurant, le Sénégal ne dispose pas de ressources pétrolières dans son sous-sol, cependant il dispose d'une société de raffinage (SAR) qui importe du pétrole brut qu'elle raffine et exporte vers le Mali et la Guinée-Bissau.

Graphique 7 : Sénégal, évolution des taux de croissance des exportations manufacturées non traditionnelles.

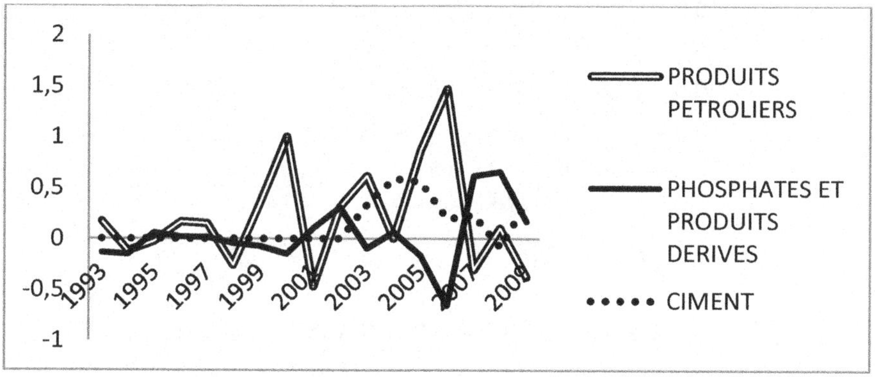

Source : auteurs

Depuis 2003, l'on note de plus en plus un regain de croissance des recettes d'exportations du pétrole. Entre 2004 et 2007, la part des exportations de pétrole en valeur par rapport au total des exportations est passée de 13 255 065 USD à plus de 83 475 067 USD. Cette bonne tenue des exportations en valeur résulte simultanément d'un accroissement des quantités exportées, passant de 100 000 tonnes en 1999 à 250 000 tonnes en 2005 et de l'envolée du prix du baril du pétrole sur le marché international.

Pour l'essentiel, la part des phosphates et produits dérivés dans les exportations totales reste stable sur la période 1992-2009. En moyenne annuelle sur cette période, elles s'établissent à 82 600 tonnes par année. Cependant, l'évolution du taux de croissance annuel des phosphates et produits dérivés reste très cyclique avec un pic en 1994 du taux de croissance annuel atteignant les 100 %. Depuis 1992, l'on note un déclin du volume des exportations de phosphates, mais qui est compensé par une reprise des exportations des acides phosphoriques vers la sous-région (Graphique 8.2) stabilisant ainsi la part des recettes d'exportations de phosphates et produits dérivés sur la période 1992-2009.

Graphique 8 : évolution en volumes de quelques produits d'exportation du Sénégal (1992-2008)

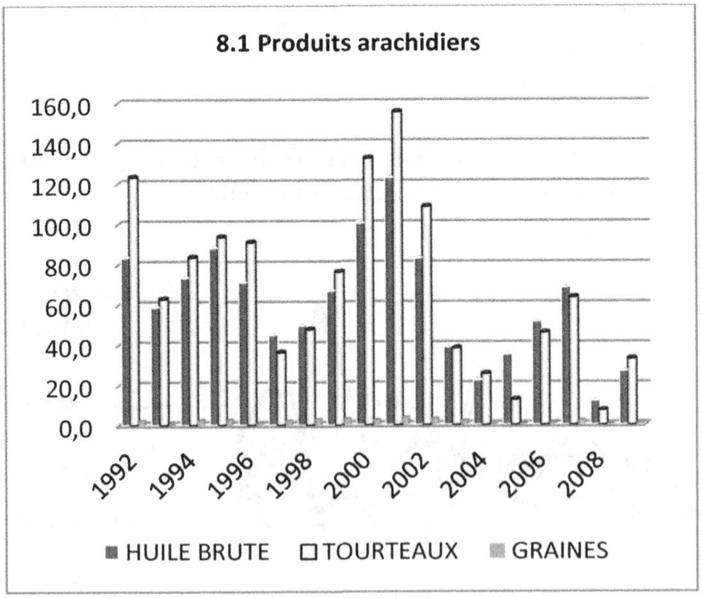

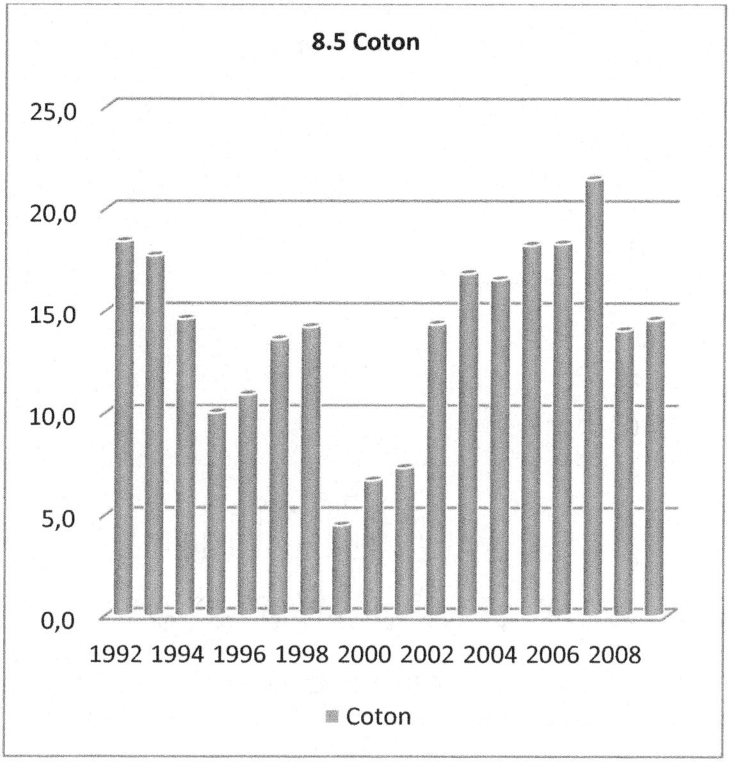

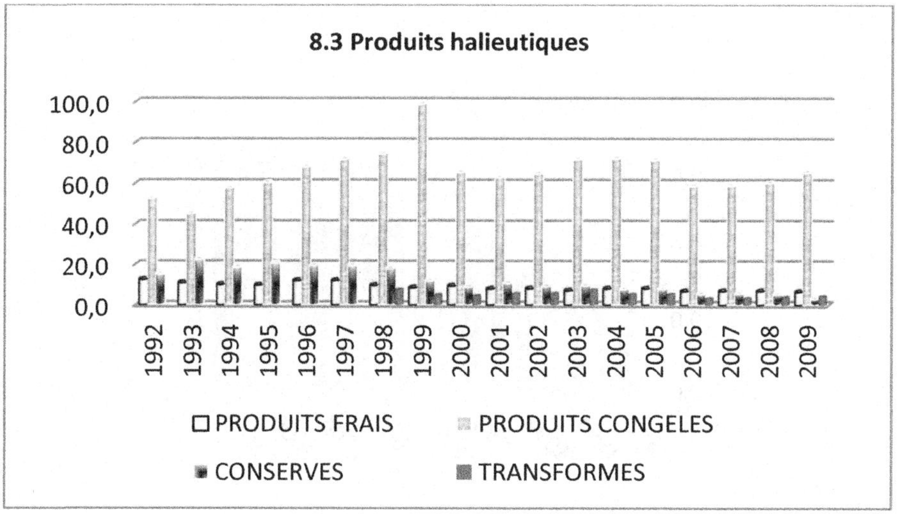

Exportations traditionnelles

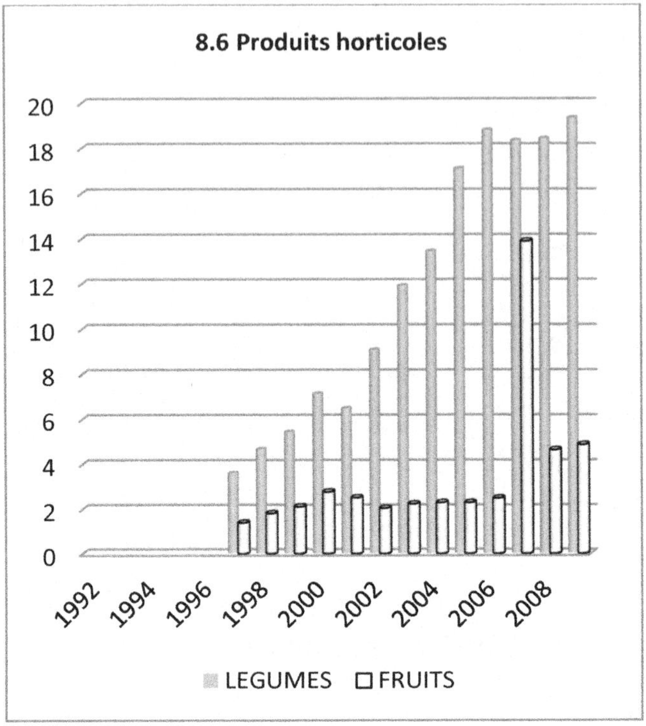

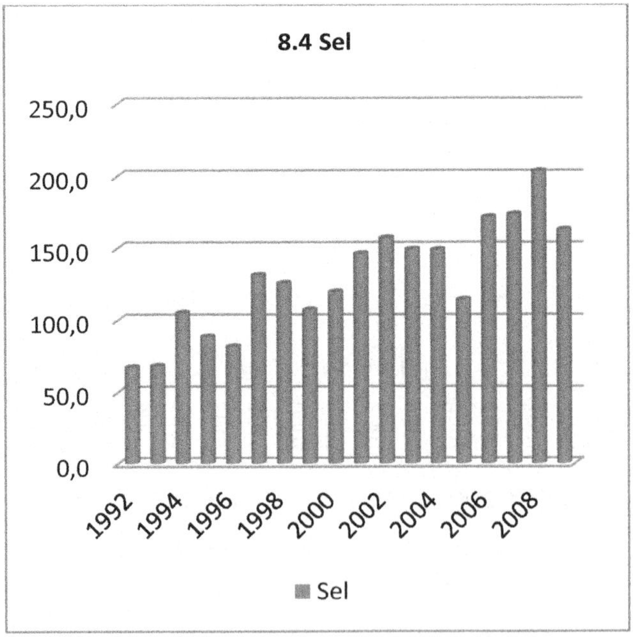

Exportations non traditionnelles

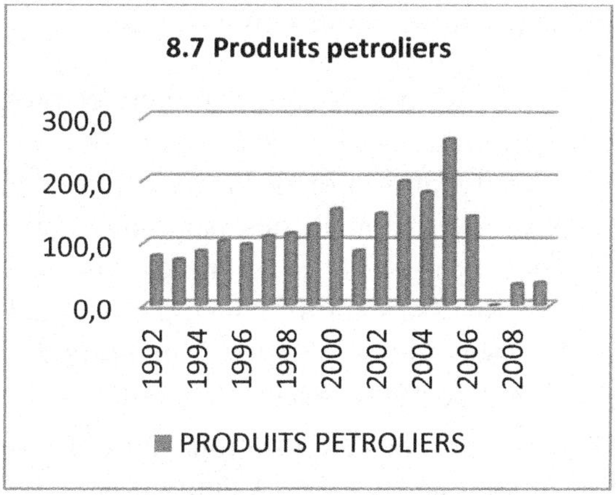

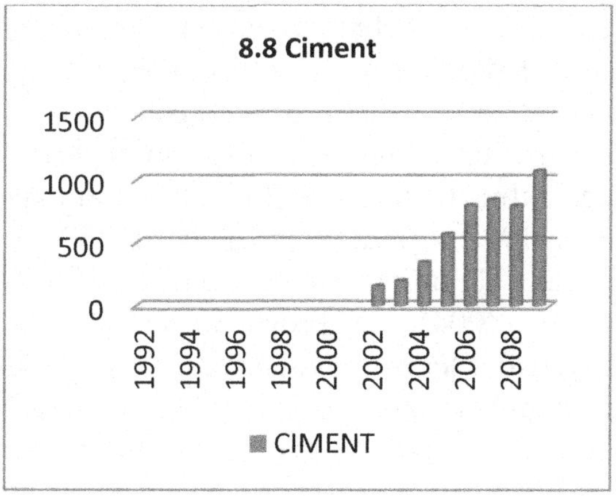

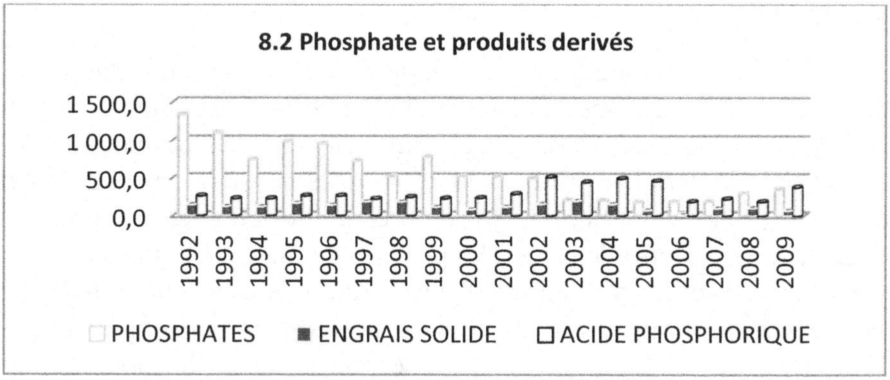

Exportations manufacturées non traditionnelles

Source : BCEAO et calculs des auteurs

La politique de promotion des exportations

Le Sénégal a mis en place plusieurs projets et programmes visant à promouvoir ses exportations. La place occupée par les exportations sénégalaises pour la redynamisation de la croissance économique a conduit les autorités du pays, avec l'appui des partenaires au développement, à mettre en place des projets et programmes visant à promouvoir les exportations par la diversification. Ainsi, le Sénégal a mis en place d'importantes réformes dans le secteur du commerce en créant des structures dans le but d'accroître ses exportations.

Le Projet de promotion des exportations agricoles (PPEA) soutient le secteur des fruits et légumes. Le PPEA était un projet pilote d'appui et de relance des exportations des fruits et légumes frais. Ce projet, qui a permis d'apporter une assistance technique et commerciale, a été apporté à 58 exportateurs et 700 producteurs. L'objectif était de jeter les bases qui devaient conduire durablement au développement des filières d'exportations. Pour cela, L'État a mis à la disposition des entreprises privées sénégalaises des infrastructures post-récolte et d'exportation. Entre le début du projet en 1998 et sa dernière année en 2004, les exportations en volume sont passées de 6 000 tonnes à plus de 13 000 tonnes. Selon la Banque mondiale (2004), ce projet a permis aux exportateurs et producteurs d'identifier leurs potentiels et les opportunités de marché, de créer des liens commerciaux, de diversifier les stratégies de transport (aérien ou maritime) et d'être plus sensibles aux questions de qualité. Le plus grand succès de ce projet reste cependant la création d'un label (origines Sénégal) pour les différents produits sénégalais à l'étranger (Matsumoto Y. 2008).

La Stratégie nationale de développement et de promotion des exportations sénégalaises (STRADEX) soutient quelques secteurs stratégiques. L'objectif de ce programme est donc de promouvoir les exportations de certains produits jugés prioritaires après évaluation. Il s'agit des produits horticoles, y compris la floriculture, les produits oléagineux, les produits de la mer, les produits culturels de l'artisanat d'art, les télé-services et les produits et services culturels (musique et théâtre). Pour atteindre ses objectifs, la TRADEX fourni aux entreprises privées des informations économiques et commerciales sur les opportunités d'exportation et ceci sur la base d'études et enquêtes sur les exportations. Réduire au strict minimum les formalités administratives et douanières pour les entreprises exportatrices. Elle met à la disposition des privés des offres de formation en marketing export ainsi qu'en qualité et normes et techniques du commerce international. Elle organise également des missions de prospection commerciale et organise des missions d'acheteurs au Sénégal.

Le *trade point* vise à faciliter l'insertion des exportateurs sénégalais dans les marchés mondiaux. La mission principale est donc de favoriser les exportations du pays. Pour cela, ils mettent à la disposition des entrepreneurs sénégalais toute l'information utile pour faciliter leur conquête du marché étranger.

Le Programme de développement des marchés agricoles du Sénégal (PDMAS) est un programme du Sénégal et de la Banque mondiale. Il a pour objectif de favoriser l'émergence au Sénégal d'une agriculture compétitive à l'exportation et à forte valeur ajoutée. Afin d'atteindre ces objectifs, le programme a mis à la disposition des petits producteurs du fleuve Sénégal 2 500 hectares viabilisés dans le delta du fleuve Sénégal. Des infrastructures hydrauliques (irrigation goutte à goutte) ont été aussi réalisées dans la zone des *Niayes*. Dans la région de *Tambacounda,* plus de 70 km de piste ont été dégagés dans le but de faciliter la mobilité pour les produits de périmètres bananiers irrigués. Des guides pratiques ont également été confectionnés et distribués aux producteurs afin qu'ils puissent respecter les cahiers de charges de marchés qui sont de plus en plus exigeants. Selon la Banque mondiale (2006), le PDMAS s'est fixé comme objectif 9 000 emplois pour les activités d'exportations et 35 000 emplois saisonniers pour les marchés nationaux.

L'Agence sénégalaise de promotion des exportations (ASEPEX) participe significativement au développement des secteurs tournés vers l'extérieur. Elle a pour mission principale de favoriser le développement continu et durable de même qu'une diversification accrue des exportations sénégalaises. L'ASEPEX oriente les exportateurs en mettant à la disposition des exportateurs sénégalais toute l'information économique et commerciale dont ils ont besoin.

Le Centre international du commerce extérieur du Sénégal (CICES) a pour objectif de promouvoir l'expansion commerciale du Sénégal en développant les échanges commerciaux entre les opérateurs économiques nationaux et étrangers par des rencontres à travers des foires, des salons et des congrès.

Les autres structures sont déclinées ainsi :

- L'Entreprise franche d'exportation (EFE) : créée en 1995, elle concerne les entreprises qui exportent au moins 80 % de leur production. Le statut exonère les bénéficiaires pendant 25 ans de tous prélèvements et taxes associés au régime commun, y compris sur les achats locaux et les équipements et matériaux importés. Cependant, elles devront s'acquitter de l'impôt sur les sociétés à hauteur de 15 % au lieu des 35 % habituels.

- Le Fonds de promotion des exportations (FOPROMEX) qui finance des activités de promotion et d'accompagnement des exportateurs.

- L'Agence de promotion des investissements et des grands travaux (APIX) a pour mission d'améliorer l'environnement des affaires au Sénégal et sa promotion comme destination d'investissement entre autres.

- Le Cadre intégré pour l'assistance technique lié au commerce a été créé en 2003 pour faire face au déclin des exportations traditionnelles et favoriser la diversification des exportations.

- Le Document de stratégie de réduction de la pauvreté (DSRP 2) qui, depuis 2006, permet au Sénégal d'avoir un cadre cohérent pour la mise en œuvre de sa politique économique. L'un des piliers du DSRP est la « création de richesses en faveur des pauvres ». Il a nécessité l'adoption de la Stratégie de croissance accélérée (SCA). Dans cette perspective, la Stratégie de croissance accélérée privilégie des secteurs à haut potentiel, dont l'agriculture, l'agroalimentaire et la pêche, capables d'impacter l'économie dans son ensemble. De façon plus concrète, ces mesures devront permettre une augmentation de la part des exportations dans le PIB.

- L'APIX met en évidence, les opportunités à l'exportation existant sur certains produits. En particulier, elle a mis en place des dispositifs d'incitations à l'exportation comme le statut de l'entreprise franche. Il concerne les entreprises qui justifient d'un potentiel à l'exportation d'au moins 80 % de leur chiffre d'affaires. Ces entreprises pourront bénéficier sur une période de 25 ans renouvelables des exonérations des droits de douanes et du timbre douanier sur les moyens de transport destinés à la production, de tout impôt ayant pour assiette les salaires versés par les entreprises, de tous les droits d'enregistrement et timbres lors de la constitution et de la modification des statuts de la société. Également, dans le cadre du statut de l'entreprise franche, elles pourront, entre autres, bénéficier d'une exonération de l'impôt sur le revenu des valeurs mobilières prélevé par l'entreprise sur les dividendes distribués, ainsi que la perception de l'impôt sur les sociétés au taux de 15 % au lieu de 25 %. Par ailleurs, une entreprise peut bénéficier d'un agrément au statut d'entreprise franche d'exportation en 21 jours. Grâce au guichet unique mis en place par l'APIX, l'on peut créer une entreprise en 48 heures au Sénégal.

Potentialités de l'intégration régionale

Le Mali reste la première destination des exportations du Sénégal dans la sous-région. Il est suivi par la Côte d'Ivoire et la Guinée-Bissau. Les recettes d'exportations vers le Mali représentent, en moyenne annuelle, 329 650 631 USD, soit 70 % des exportations du Sénégal (en valeur) dans l'UEMOA sur la période 2005-2009 (graphique 9).

Graphique 9 : Les exportations du Sénégal vers l'UEMOA (en millions de FCFA)

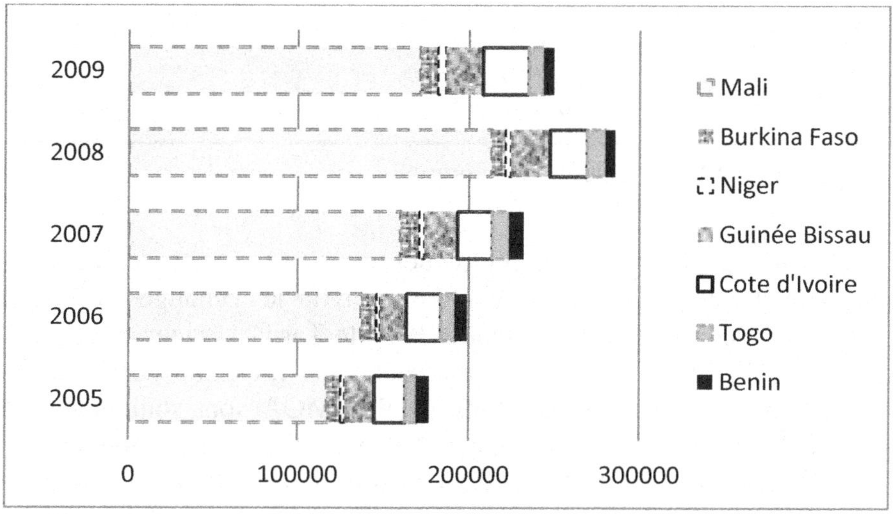

Source : ANSD et calculs des auteurs

Le commerce intra zone UEMOA est encore très faible. Avec un potentiel de huit pays membres et une population de 80 340 000 habitants, l'UEMOA constitue un marché potentiel pour les exportations du Sénégal. Les producteurs Sénégalais gagneraient ainsi à développer le commerce intra régional. Toutefois, sur la période 2005-2009, les exportations du Sénégal vers les pays de l'UEMOA sont restées timides, ne dépassant pas la fourchette de 25 % à 35 % du total des exportations.

Graphique 10 : part des exportations du Sénégal vers l'UEMOA sur le total des exportations (en millions de FCFA)

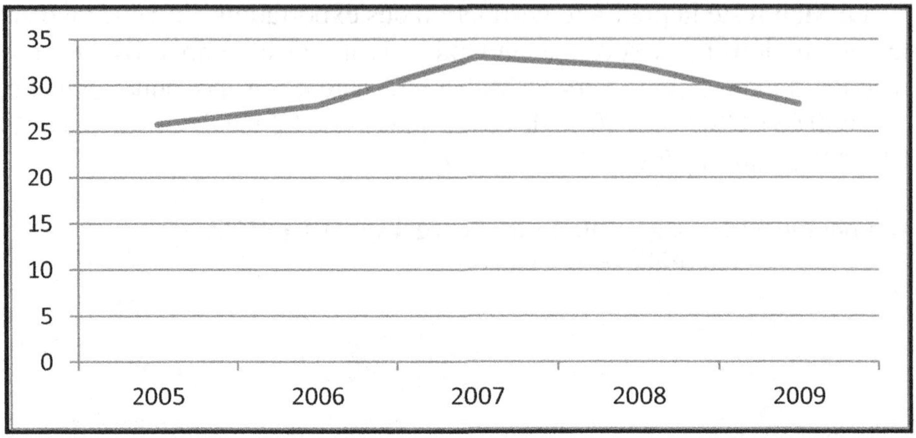

Source : ANSD et calculs des auteurs

Il existe des normes sous-régionales pour promouvoir les échanges communautaires. Dans un souci de promouvoir les échanges au sein de l'Union, il a été mis en place depuis 1999 le Tarif extérieur commun au sein de l'UEMOA. Toutes les marchandises d'origine sénégalaise à destination d'autres pays membres de l'UEMOA sont soumises à des droits et taxes de douane communes. Selon l'article 3 de la libéralisation des échanges au sein de l'UEMOA, « toutes restrictions quantitatives, entraves non tarifaires, prohibitions ou autres mesures d'effet équivalent portant sur les importations ou les exportations des produits originaires ou fabriqués dans les États membres sont levées. Les produits du cru [2]et de l'artisanat traditionnel sont exonérés de tous droits et taxes perçus à l'entrée des États membres, à l'exclusion, le cas échéant, des taxes intérieures frappant également les produits de l'espèce, que ceux-ci soient produits localement ou importés de pays tiers (article 10 du régime douanier applicable aux produits de cru et de l'artisanat traditionnel) ».

L'article 2 du régime douanier applicable aux produits industriels originaires agréés prévoit que « les produits originaires agréés bénéficient, lors de leur importation dans un État membre, d'une Taxe préférentielle communautaire équivalant à une réduction de 30 % des droits d'entrée applicables aux produits de l'espèce importés des pays tiers, à l'exclusion,

[2] Sont considérés comme produits du cru originaires des États membres de l'Union, les produits du règne animal, minéral et végétal n'ayant subi aucune transformation à caractère industriel.

le cas échéant, des taxes intérieures spécifiques ou *ad valorem* frappant les produits de l'espèce, que ceux-ci soient produits localement ou importés. »

Pour ce qui est des produits non agréés, l'article 13 stipule que : « les produits originaires de l'Union non agréés bénéficient, lors de l'importation dans un État membre, d'une réduction de 5 % des droits d'entrée applicables aux produits de l'espèce, originaires de pays tiers ».

Les trois produits à promouvoir

Compte tenu de l'analyse qui précède, l'on peut retenir les trois produits suivants :

Les produits horticoles pour lesquels le Sénégal dispose d'un fort potentiel avec un climat parfait pour une production de contre saison. Plus de 17 000 familles sont impliquées dans l'horticulture en zone rurale (Matsumoko Y. 2008). La principale destination est l'Union européenne (UE), selon Ndiaye, M. (2007), environ 70 % des exportations du Sénégal vers l'UE sont dominées par les quatre produits suivants : les haricots verts, la tomate cerise, la mangue et le melon. L'industrie des fruits et légumes au Sénégal est un secteur très intensif en main-d'œuvre, avec une vingtaine de grandes entreprises, une dizaine de taille moyenne et le reste qui est constitué de petites entreprises. L'horticulture représente le principal espoir de diversification à l'exportation pour le Sénégal (Matsumoko Y. 2008).

Le ciment constitue une opportunité d'exportation. En effet, avec une population particulièrement jeune, un taux de croissance moyenne de la population et un taux d'urbanisation de seulement 40 %, l'Afrique subsaharienne constitue un trésor pour le secteur de la cimenterie. Ainsi, selon Folliet M. (2009), l'Afrique subsaharienne devrait compter dix villes de plus de trois millions d'habitants en plus dans les cinq ans à venir. La principale destination est la sous-région. Cependant, le Sénégal est leader dans la sous-région avec une production de 2,9 millions de tonnes (et une surcapacité de 40 %) par an dont une bonne partie est exportée vers les pays voisins, notamment le Mali avec 600 000 tonnes (Folliet M. 2009). Le graphique 8.8 montre un secteur en pleine expansion avec une place dans les exportations totales de plus en plus importante.

Selon le ministère de l'Économie et des Finances du Sénégal, ce dynamisme du secteur s'est aussi traduit par une augmentation des effectifs de + 6,5 % entre 2002 et 2003. Selon Folliet M. (2009), si la consommation mondiale du ciment a atteint 3,2 milliards de tonnes en 2010, elle devrait encore croître jusqu'en 2030-2050 pour atteindre les 5 milliards de tonnes. D'ailleurs, la SFI signale que la consommation mondiale a plus que doublé en 15 ans.

Le coton : sa principale destination est la sous-région. Il représente la troisième source de devises du Sénégal. Il est une source de revenus pour une bonne partie des agriculteurs sénégalais, principalement des régions du Sénégal oriental et de la haute Casamance. Le coton est cultivé dans presque toutes les régions du Sénégal avec un tiers de la surface cultivable. Avec 16 % des exportations agricoles, il est le deuxième plus important produit agricole exporté (Ndiaye M. 2007). La production de coton concerne plus de cinquante petits exploitants (Ndieng, M. 2003). Le graphique 8.5 montre une bonne tenue des exportations du coton sur la période 1992-2008 à l'exception de la sous-période 1999-2001 où l'on a noté une forte baisse de la production occasionnée par les attaques de Bémisia.

Le tableau qui suit résume les potentiels concurrents du Sénégal pour les exportations des différents produits retenus vers l'Europe et la sous-région.

Tableau 15 : les principaux concurrents du Sénégal sur le marché européen et la sous-région.

Zones (pays destination des produits)	Marchés	Les principaux concurrents du Sénégal
Europe	Haricot vert	Kenya et Zimbabwe
	Tomate cerise	Israël
	Mangue	Brésil
	Melon	Brésil et Costa Rica
Sous-région	Ciment	Sénégal *(leader)*
	Coton	Burkina-Faso et Mali

Source : Diarra A. (2003)

Contraintes domestiques et internationales

Il existe plusieurs contraintes domestiques qui entravent le développement des exportations sénégalaises. Alors que le Sénégal dispose d'une forte potentialité pour la production des produits horticoles, du ciment et du coton, sa capacité à les exporter reste limitée par des contraintes domestiques qui se traduisent par une baisse de sa compétitivité au niveau international. Pour n'en citer que quelques-uns des principaux, l'on peut retenir les coûts élevés des facteurs de production, à savoir : électricité[3], eau, télécommunications, transport et le capital (difficultés de financement). Aussi, le Sénégal a le coût de main-d'œuvre le plus élevé de la zone UEMOA, après la Côte d'Ivoire (Cadre intégré de diagnostique de l'intégration commerciale, 2002). Selon un rapport de la Folliet M. (2009), les coûts de production dans le secteur de la cimenterie au Sénégal sont jugés très élevés avec 20 % de plus qu'au Nigéria et 40 % de plus que l'Algérie. Les autres contraintes domestiques sont les difficultés liées à l'accès à la terre, une insuffisance de la main-d'œuvre qualifiée et enfin, le manque d'infrastructures de stockage et de transformation.

Les contraintes internationales sont également importantes. Suite à la signature de la convention de Lomé IV entre l'UE et les pays ACP dont le Sénégal est membre, les exportations sénégalaises de produits horticoles peuvent entrer dans le territoire européen en franchise de droits de douane et taxe. Cependant le problème de l'accès reste aujourd'hui entier, car, en lieu et place, ils devront remplir des normes drastiques en matière sanitaire et phytosanitaire, des normes sur l'emballage, la traçabilité et la protection de l'environnement. À cela, il faut ajouter le soutien des économies développées à leur production agricole qui peut rendre difficile l'accès des exportations des produits horticoles du Sénégal vers le marché mondial qui est hautement concurrentiel. Sur le marché du continent américain, le Sénégal est également soumis à un droit de douane de 5,41 % qui le désavantage par rapport à son principal concurrent pour le melon, à savoir le Brésil, qui doit s'acquitter d'un taux de 1,85 %. Toutefois, sur le marché africain, le Sénégal et le Brésil sont soumis au même droit de douane de 7,84 %.

S'agissant du marché chinois, un concurrent comme le Brésil reste encore plus avantagé que le Sénégal en ce sens qu'il doit s'acquitter d'un droit de douane de 3,93 % et le Sénégal d'un taux à 6,91 %. Naturellement, cela aura pour conséquence que les mangues et melons en provenance du Brésil seront plus compétitifs que ceux en provenance du Sénégal.

---

[3] *Sud quotidien* du 07/07/2009 : le coût de l'électricité est de 140 FCFA le kilowatt/heure au Sénégal alors qu'il est d'environ 40 FCFA en Côte d'Ivoire.

L'approche proposée par Lin et Monga (2010)

Une approche pour sélectionner les produits que le Sénégal devrait promouvoir pour ses exportations afin d'avoir une dynamique de croissance capable de rehausser son revenu par tête est l'approche proposée par Lin et Monga (2010).

Il s'agit dans un premier temps d'identifier un pays qui a la même structure de dotation factorielle que le Sénégal, qui a une dynamique de croissance et un revenu par tête supérieur à celui du Sénégal de 100 %. Ensuite, identifier une série de biens et services échangeables pendant environ vingt ans dans ce pays et qui lui ont permis d'atteindre ce niveau de développement.

Dans un second temps, il s'agira de voir parmi ces secteurs identifiés ceux qui sont déjà développés par les investisseurs locaux et identifier les contraintes qui font que le Sénégal n'arrive pas à améliorer ses produits, mais également déterminer les barrières à l'entrée pour d'autres investisseurs potentiels.

En troisième lieu, lister toutes les industries qui sont développées dans ce pays et qui sont nouvelles pour les investisseurs sénégalais. Il faut aussi voir comment le gouvernement peut encourager des investissements dans ce secteur par une politique et en favorisant les IDE.

En quatrième lieu, redynamiser les industries sénégalaises qui font de bonnes performances économiques qui ne sont pas sur la liste.

Si nous nous arrêtons sur ces quatre critères, nous pouvons retenir l'Île Maurice qui a la même structure de dotations factorielle que le Sénégal et une dynamique de croissance. Durant ces vingt dernières années, le taux de croissance économique annuel moyen de l'Île Maurice a été de 5 %. Son revenu par tête est largement supérieur à celui du Sénégal. Selon le rapport publié par le World Economic Forum (WEF), la Banque mondiale et la Banque africaine de développement (BAD) en 2011 sur la compétitivité en Afrique, l'Île Maurice est le deuxième pays le plus compétitif derrière l'Afrique du Sud. Le rapport global sur la compétitivité de 2011 le classe également deuxième économie la plus attractive en Afrique et 55e au rang mondial.

Graphique 11 : revenu par tête de l'Île Maurice rapporté à celui du Sénégal

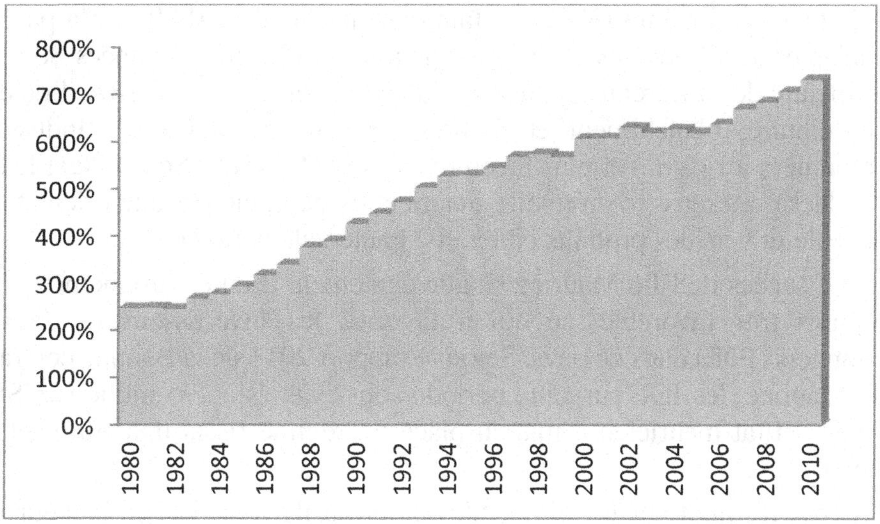

Source : auteurs

L'Île Maurice a beaucoup de similitudes avec le Sénégal. Sur le plan géographique, les deux pays ont un climat tempéré avec une saison sèche et une saison des pluies et tous deux donnent sur l'océan Atlantique, ce qui leur procure une ouverture aux autres continents. Tout comme le Sénégal, l'Île Maurice ne dispose pas de ressources minières (pétrole, or, gaz...), ni d'autres produits locaux très recherchés sur le marché international. Comme pour le Sénégal, ce pays jouit d'une stabilité politique et sociale, et ce, depuis son indépendance. Pendant longtemps, ces deux économies reposaient, d'une part sur l'agriculture, à savoir la monoculture de la canne à sucre pour l'Île Maurice et l'arachide pour le Sénégal et chacun de ces produits a été introduit par le colonisateur pour ses besoins. D'autre part, le tourisme est un secteur pilier dans les deux économies. Par ailleurs, les deux pays ont des économies vulnérables aux chocs exogènes comme la pluviométrie pour l'agriculture et la conjoncture internationale pour le secteur du tourisme. La structure de leurs économies est identique, c'est-à-dire dominée par un sectaire tertiaire (tourisme, télécommunications) et le secteur secondaire avec le textile pour l'Île Maurice.

Ainsi, fort de toutes ces contraintes, contrairement au Sénégal, l'Île Maurice a su durant ces vingt dernières années développer un modèle économique basé sur la diversification et orienté vers les exportations, ce qui lui a prévalu son succès économique d'aujourd'hui. L'industrie textile mauricienne, grâce au génie de ses dirigeants, a pu se positionner, et ceci, malgré un marché très concurrentiel au plan mondial. Au Sénégal, même si le textile a joué un rôle important dans les années 70-80, il n'a pas su s'adapter au fil des ans et nous avons assisté à la fin des années 80 à la fermeture des différentes industries du textile comme la SOTIBA (Société de teinture, blanchiment et d'après impression), ICOTAF (Industrie cotonnière africaine) et plus récemment la SOTEXKA (Société textile de Kaolack). La réussite du textile mauricien s'explique par une orientation de celle-ci vers des produits ciblés et à haute valeur ajoutée.

Le succès de l'Île Maurice résulte également d'un environnement des affaires très favorable, ce qui a favorisé les Investissements directs étrangers (IDE) dans ce pays. Selon le rapport 2011 de la Banque centrale de Maurice, les IDE sur cette période sont évalués à 496 millions USD. Ainsi, l'État mauricien a mis en place un régime fiscal très attrayant, à savoir :

- pas d'impôt sur les dividendes alors qu'ils sont taxés à hauteur de 10 % au Sénégal ;

- l'impôt sur le revenu est fixé à 15 % alors qu'au Sénégal il est progressif et dépend du revenu brut, de la situation matrimoniale (marié/célibataire) et du nombre d'enfants ;

- pas de TVA sur les transactions *offshores* contrairement au Sénégal où ce type d'activités est taxé à 17 %.

Une modernisation de secteurs clés de l'économie comme la pêche s'est matérialisée par une modernisation des techniques contrairement au Sénégal où le secteur reste dominé par la pêche artisanale.

L'Île Maurice a également fait beaucoup d'efforts en matière de corruption. En effet, selon le rapport 2010 sur l'indice de perception de la corruption publié par *Transparency International*, il est classé deuxième pays le moins corrompu d'Afrique et 32e sur 178 pays du globe. Par contre, sur la même période, le Sénégal est classé 22e sur 52 pays africains et 105e sur le plan mondial.

Cette dynamique économique repose également sur une industrie manufacturière orientée vers l'exportation, mais surtout basée sur une consolidation des acquis. En d'autres termes, le pays va consolider ses exportations dans les pays où il a un avantage comparatif. Mais, grâce à une politique calquée sur une culture de l'innovation, il arrive à s'imposer sur les nouveaux marchés sachant qu'à la base, il ne dispose pas de trop de produits locaux très demandés sur le marché international.

Tableau 16 : comparaison du Sénégal et de l'Île Maurice

			Les contraintes pour le Sénégal	**Les atouts d'ordre général de l'Île Maurice**
Produits	Produits pour lesquels les investisseurs sénégalais sont déjà positionnés	Sucre		1. Aptitudes linguistiques (bilinguisme) 2. Un bon marketing 3. La qualité des équipements hôteliers 4. Le sens de l'accueil et le service de l'hôtellerie (le mot d'ordre est « *no problem* ») 5. Un effort de recherche et de modernisation 6. Un puissant réseau d'informations 7. La monnaie est indexée sur un panier de monnaie 8. Modernisation permanente de l'équipement 9. Installation des bureaux de promotion commerciale dans les ambassades 10. Formation du personnel pour le rendre plus performant 11. Le souci du haut de gamme.
		Meubles	-secteur encore informel -difficultés d'accès à l'investissement	
		Maroquinerie	-secteur encore informel -difficultés d'accès à l'investissement -gestion purement familiale (en général l'entreprise regroupe au plus 5 personnes d'une même famille	
		agroalimentaires	-le secteur de l'énergie -secteur dépendant totalement de l'agriculture qui est tributaire des aléas climatiques	
		Tourisme	-la capacité d'accueil reste faible. -le coût du transport aérien est trop cher par rapport	

			aux pays concurrents comme le Maroc ou la Tunisie. -Tourisme totalement basé sur le balnéaire	
		Pêche	-secteur encore trop informel -difficulté d'accès à l'informel -les licences de pêche délivrées par le gouvernement du Sénégal à des bateaux étrangers	
	Produits nouveaux pour les investisseurs sénégalais	**Habillement** : pull-over, tee-shirts, robes, lingerie, vêtements de plage		
		Électronique		
		Article de sport		
		Production de fleurs		
		Jouets		
		Lunettes de soleil		
		Lentilles de contact		

Les autres atouts de l'Île Maurice

L'État a créé des entreprises franches, ainsi les entreprises pourront s'implanter dans l'ensemble du pays. Pour faire venir des investisseurs étrangers comme locaux, les mesures incitatives suivantes sont appliquées :

- exonération totale du paiement des taxes sur les importations des biens nécessaires au fonctionnement des usines : machines, équipements, pièces de rechange ;
- exonération des droits de douane sur les matières premières, les composants et produits semi-finis ;
- exonération de l'impôt sur les bénéfices pour 10 et 20 ans ;
- accès prioritaire aux crédits – emprunts bancaires à terme et fonds de roulement disponible à des taux préférentiels grâce à la *Development Bank* ;
- possibilité de rapatrier les capitaux et les bénéfices librement ;
- infrastructures mises à disposition par la *Development Bank* avec des loyers subventionnés à 50 % pendant 10 ans ;
- délivrance de permis de résidence permanents pour les investisseurs étrangers.

Il existe un partenariat entre l'État et le secteur privé à travers la MEDIA (Mauritius Export Development investissement Authority). La MEDIA a installé des antennes un peu partout dans le monde pour porter la destination Île Maurice et promouvoir les produits du pays. Ainsi, elle a pour activité de rechercher les opportunités, d'identifier leurs concurrents, d'étudier leurs points forts et points faibles et organiser des missions de charme vers les investisseurs étrangers. Également, des réunions sont tenues de manière permanente pour évaluer et proposer de nouvelles orientations économiques.

L'État a également mis en place une banque, la State Investment Corporation (SIC) qui utilise l'argent public pour prêter aux secteurs les plus dynamiques de l'économie (tourisme, zone franche, commerce...). Les intérêts vont servir de fonds que la banque va prêter aux entreprises en difficultés afin de redynamiser les entreprises en position délicate.

Ce modèle de développement peut être emprunté par le Sénégal pour profiter de ses différents avantages comparatifs et mettre le pays sur le sentier de la croissance et du développement économique.

QUE FAIRE ?

Dramani Latif

Le cadre macroéconomique au sein duquel opèrent les firmes au Sénégal est assez bon. La croissance a été soutenue ces dernières années. Elle est en moyenne de 4,7 % sur la période 1994-2003, au-dessus de la moyenne de l'Afrique subsaharienne. En outre, les principaux paramètres macroéconomiques sont relativement corrects. Cette croissance économique depuis 1994 s'est traduite par une croissance non négligeable du secteur manufacturier et des services.

Les estimations de fonction de production suggèrent que la productivité totale des facteurs au Sénégal demeure significativement supérieure à celle de pays *benchmark* comme l'Éthiopie, le Mozambique et la plupart des pays de l'UEMOA. Mais la productivité est très faible dans le secteur informel. Les variables du climat des investissements comme la lourdeur des règlementations et les problèmes d'infrastructures ont un impact significatif. Cependant, malgré l'existence d'un bon cadre macroéconomique, la mise en place de nombre de réformes économiques significatives reste difficile. Ainsi, les diverses privatisations, l'amélioration du Code du travail et une réforme tarifaire généralisée tardent souvent à s'opérer. De même, le maintien de la productivité des firmes à un niveau très correct ainsi que les divers problèmes structurels perdurent. L'on observe encore la persistance d'un déficit commercial non négligeable, provenant notamment de niveaux d'exportations manufacturières erratiques et de faibles flux d'investissements directs étrangers.

Les flux d'IDE sont relativement faibles au Sénégal, inférieurs à la moyenne pour l'Afrique subsaharienne et l'UEMOA. En outre, les divers classements internationaux disponibles indiquent une attractivité modérée pour le Sénégal des investisseurs, notamment étrangers. Cela suggère, d'une part que les réformes déjà entreprises n'ont pas assez amélioré le climat des investissements et donc changé significativement la perception des investisseurs quant à l'attractivité du Sénégal et d'autre part, que des mesures additionnelles sont vraisemblablement nécessaires.

L'étendue de la corruption constitue un motif sérieux d'inquiétude. Elle est citée par environ 40 % des chefs d'entreprise du secteur manufacturier et par environ 39 % de ceux opérant dans les services comme un problème critique ou majeur. Le Sénégal n'est pas très bien placé en termes de comparaisons internationales. En pratique, le phénomène a un coût non négligeable. En moyenne, environ 6,5 % de la valeur des contrats avec l'administration est perdue en « paiements informels » ou « cadeaux divers » pour les firmes du secteur manufacturier.

Les chefs d'entreprises ont peu confiance dans la cohérence du cadre règlementaire et dans le système judiciaire. Environ 42 % des dirigeants de firmes manufacturières trouvent que l'interprétation et l'application par les fonctionnaires des règlements et lois qui affectent leurs établissements sont incohérentes et imprévisibles. Près de 40 % d'entre eux ne font pas confiance au système judiciaire pour faire respecter leurs droits contractuels et de propriété.

Le poids règlementaire est important au Sénégal. Les entrepreneurs déclarent ainsi passer environ 60 % de leur temps à régler des formalités administratives de tous ordres. En outre, plus de 18 jours ont été consacrés à des réunions avec des fonctionnaires de diverses administrations en 2002.

Les services d'infrastructures ont un rôle crucial pour les entreprises. Les cinq grands types de services d'infrastructure suivants sont perçus par les firmes comme étant de mauvaise qualité : les routes et services de transport routier, l'évacuation des déchets, le transport ferroviaire et la fourniture d'électricité.

Pour une économie telle que le Sénégal, ouverte sur l'extérieur avec une façade côtière importante, la rapidité des procédures administratives d'importation et d'exportation est cruciale. À ce niveau, le Sénégal semble assez performant. Le temps médian requis pour dédouaner un container est de cinq jours pour les importations et de trois jours pour les exportations, ces chiffres sont identiques à ceux de la Chine. Ces bonnes performances expliquent ainsi le fait que peu de chefs d'entreprises au Sénégal ont une mauvaise ou très mauvaise opinion des procédures en la matière.

Au niveau des formalités de création d'entreprise, le Sénégal a des performances supérieures à la moyenne en Afrique subsaharienne pour le nombre de procédures requises et la durée nécessaire.

Le développement ne peut pas se réaliser en l'absence d'une démocratie véritable, du respect des droits de l'homme, de la paix et de la bonne gouvernance. Depuis son accession à l'indépendance, le Sénégal s'est engagé et s'efforce de respecter les normes mondiales en matière de démocratie dont les principales composantes sont le pluralisme politique et syndical, l'organisation périodique d'élections démocratiques libres afin de permettre aux populations de choisir librement leurs dirigeants.

La gouvernance publique dépasse et englobe les aspects politiques. En effet, le rôle de l'État n'est pas seulement de se limiter dans ses fonctions régaliennes traditionnelles, il doit être un compagnon naturel du secteur privé national dont il assure la promotion en lui créant un environnement institutionnel et règlementaire plus incitatif lui permettant de faire face à la concurrence internationale. L'État compte poursuivre la promotion de toutes les pratiques transparentes basées sur le respect strict de la règlementation. La lutte contre la corruption participera à rétablir un climat de confiance des acteurs du privé, à réduire les coûts des prestations en même temps qu'elle installera une saine compétition entre les prestataires de biens et de services. Cette gouvernance publique implique une amélioration de la qualité des services rendus par les administrations. C'est pourquoi des réformes urgentes ont été mises en œuvre.

Un certain nombre de réformes ont été entreprises sur le plan économique, administratif et juridique avec des résultats plus ou moins mitigés.

Globalement, malgré les performances économiques, structurelles et institutionnelles, des efforts restent à consentir pour assurer les défis du développement économique et social. Dans cette perspective, il convient de renforcer les réformes afin de :

- créer un environnement favorable à l'éclosion de l'initiative privée ;

- accroître la transparence dans l'allocation des ressources publiques et la mise en œuvre des politiques ;

- renforcer les institutions et mécanismes de contrôle de la gestion publique et de lutte contre la corruption ;

- développer une culture de sanction et une participation citoyenne ;

- renforcer les cadres de concertation et de dialogue social.

CONCLUSION

L'économie sénégalaise a connu des changements en profondeur au cours des trois dernières décennies. La croissance économique est assez soutenue, notamment depuis les années 2000. Mais cette croissance reste faible pour permettre une lutte efficace contre la pauvreté. Toutefois, différentes stratégies sont mises en place pour faire du Sénégal un pays émergent. Il s'agit récemment du Document de stratégie de réduction de la pauvreté et de la Stratégie de croissance accélérée. Mais ces documents ne sont souvent pas faciles à mettre en œuvre et souffrent d'un manque de volonté politique pour être vraiment efficaces.

Mais la faiblesse des performances de l'économie sénégalaise trouve d'autres explications techniques. Il s'agit en particulier du niveau faible de la productivité globale des facteurs, lié en particulier au faible niveau de qualification de la main-d'œuvre. Ainsi, malgré les moyens colossaux investis par l'État dans le secteur éducatif, les résultats en termes de performances et de productivité ne sont pas toujours au rendez-vous. Il faut tout de même signaler que certains secteurs, notamment les postes et télécommunications, se caractérisent par une bonne productivité. Les technologies supérieures sont quasi inexistantes au niveau du tissu productif.

Malgré la volonté affichée des autorités, le secteur primaire est marqué par un faible dynamisme et se caractérise par la vulnérabilité de ses différentes composantes. La viabilité de l'agriculture est fragilisée par les conditions climatiques peu favorables et la volatilité des cours mondiaux. De même, le sous-secteur agricole souffre de la faible maîtrise de l'eau et des difficultés d'accès aux facteurs de production, notamment le financement et les intrants agricoles.

Le sous-secteur « pêche » qui reste un domaine clé de l'économie sénégalaise subit également les conséquences de la dégradation des ressources halieutiques surexploitées et de l'augmentation récente de la facture énergétique. La pêche subit aussi ces dernières années les contreperformances de la pêche industrielle et une émergence de la pêche artisanale.

Enfin, le sous-secteur « élevage », moins important dans le passé, prend de plus en plus une place de choix notamment en ce qui concerne la sécurité alimentaire.

Aujourd'hui, trois objectifs sont retenus par les autorités sénégalaises pour promouvoir le développement du secteur primaire de son économie. Il s'agit de favoriser le développement équitable et efficace du terroir par l'investissement productif et la sécurisation des acteurs ruraux et de leurs activités ; d'augmenter la production par le renforcement du rôle des organisations des producteurs et la modernisation des exploitations et de diversifier et d'intensifier les cultures pour une agriculture suffisamment rémunératrice, à travers des aides directes et multiformes.

Reflet des difficultés du secteur primaire, le secteur secondaire contribue faiblement à la formation de la valeur ajoutée. Il est dominé par les activités d'extraction et la transformation des phosphates (à destination de l'Inde principalement) et par la transformation de l'arachide (huile et tourteaux pour le bétail) et des produits de la mer (malgré une raréfaction croissante de la ressource).

Au sein du secteur industriel, le sous-secteur agroalimentaire (huileries, sucreries, conserveries industrielles et brasseries) est de loin le plus fourni. Mais le secteur industriel sénégalais est également confronté à de nombreuses difficultés qui limitent son développement. Il s'agit en particulier du pouvoir d'achat des ménages en baisse constante ces dernières années, aux difficultés de redressement des Industries chimiques du Sénégal (ICS). Ainsi, certains sous-secteurs sont fortement affectés, notamment :

- ✓ les conserves de viande et de poisson en relation avec la production de viande et les difficultés de la pêche industrielle ;
- ✓ l'activité d'égrenage de coton et textile en raison de la volatilité de la production du coton et de la concurrence des importations ;
- ✓ les corps gras alimentaires liés aux difficultés des campagnes arachidières et en particulier la commercialisation de l'arachide ;
- ✓ la fabrication du cuir (problème de débouchés).

Pour résoudre les difficultés du secteur primaire, une attention particulière doit être accordée au secteur de l'énergie qui est un volet important à la réalisation des objectifs de croissance. C'est dans ce cadre que les autorités comptent renforcer les moyens de la SENELEC (Société nationale d'électricité) et de l'ASER (Agence nationale d'électrification rurale). Elles comptent également intégrer dans la politique agricole des cultures énergétiques pour la production de biocarburants.

Le secteur des services se porte bien et tire l'économie sénégalaise. Ce secteur est en pleine expansion au Sénégal. Il est traditionnellement dominé par un important sous-secteur commercial, dont une partie exerce dans l'informel. Il a été récemment dopé par l'explosion des nouvelles technologies de l'information et de la communication (NTIC) qui favorise des investissements dans les télé-services et l'Internet et le sous-secteur des bâtiments.

Le tourisme est aussi un secteur sur lequel repose l'économie du pays bien qu'il soit très sensible à l'environnement international et à la concurrence avivée entre les destinations mondiales.

De même, le sous-secteur des services financiers présente une forte extraversion. Les institutions financières constituent pour l'essentiel des succursales de grands groupes internationaux, européens ou américains. Cette très forte ouverture du secteur des services le rend aussi vulnérable aux chocs exogènes.

S'agissant du transport, le Sénégal s'est engagé ces dernières années dans un vaste programme de construction, d'entretien et de réhabilitation des infrastructures routières, ferroviaires et aéroportuaires. L'objectif est d'améliorer la mobilité urbaine et l'accessibilité en milieu urbain.

Le secteur primaire, malgré son importance pour assurer la sécurité alimentaire, est donc peu performant. Il est fortement traditionnel et donc dépendant des aléas climatiques. Malgré les différentes initiatives, notamment celles en faveur de son sous-secteur agricole, le primaire reste le parent pauvre de l'économie sénégalaise. Le secteur des services et le secteur manufacturier connaissent néanmoins un dynamisme assez régulier.

La compétitivité, qui se mesure par la capacité à maintenir et gagner des parts de marché montre que le Sénégal doit faire beaucoup d'efforts. En effet, c'est seulement sur quelques produits, notamment les produits chimiques, les produits de la mer, les produits arachidiers, le ciment et les produits horticoles que le Sénégal peut espérer garder un avantage comparatif par rapport à ses concurrents sur les marchés mondiaux. Donc, avec une diversification de l'offre de production et une utilisation des technologies, le Sénégal peut rendre son économie plus dynamique et atteindre des sentiers de croissance économique plus importants.

Le marché du travail est caractérisé par des performances encore faibles. Il est dominé par un secteur informel qui, malgré sa place privilégiée dans la lutte contre le chômage, ne permet pas d'offrir des emplois stables. Le chômage reste donc important, en particulier pour les jeunes qui doivent attendre très longtemps en moyenne pour trouver un premier emploi. De même, le chômage est plus important pour les femmes que pour les hommes. La lutte contre le chômage passera nécessairement par la promotion d'un emploi qualifié et à haute valeur ajoutée. En particulier, il faut que les secteurs intensifs en main-d'œuvre soient les principaux leviers de la croissance économique. En ce qui concerne les inégalités, elles restent importantes, malgré la baisse contenue depuis quelques années. Elles sont aussi plus importantes dans le monde rural et touchent plus les femmes que les hommes.

Les institutions sénégalaises, malgré leur solidité pour accompagner les transformations en profondeur de l'économie nationale, ne sont pas toujours en phase avec les priorités des investisseurs. Il s'ensuit un retard dans l'exécution des projets et programmes de développement. De même, durant la décennie 2000, le Sénégal a changé plusieurs fois d'équipe gouvernementale et cela peut entraîner une certaine méfiance des investisseurs et donc, retarder la mise en œuvre des investissements. Donc, même si le Sénégal est relativement bien classé en ce qui concerne l'environnement des affaires, le pays ne rassure pas entièrement les investisseurs. Le pays profite toutefois de sa position stratégique et de sa relative stabilité politique. Également, les élections présidentielles du 26 février 2012 ne sont pas de nature à encourager les investissements tant nationaux qu'étrangers.

En définitive, plusieurs efforts restent à faire par le pays, à la fois au niveau des infrastructures et au niveau institutionnel. Par conséquent, le Sénégal doit dynamiser davantage son secteur agricole en le rendant plus intensif grâce à une utilisation importante des nouvelles techniques de production afin d'améliorer la productivité du secteur primaire. Cela aura comme conséquence le développement de l'agro-industrie et des services grâce à un environnement institutionnel favorable afin d'améliorer la compétitivité du pays, promouvoir la croissance économique et lutter durablement contre la pauvreté et les inégalités.

RÉFÉRENCES

ADB: *The ADB Statistics Pocketbook, 2008*, African Development Bank.

ANSD (Agence nationale pour la statistique et de la démographie), *Comptes nationaux du Sénégal, 2008*, Agence nationale de la statistique et de la démographie.

ANSD (Agence nationale pour la statistique et de la démographie), 2010, « *Situation économique et sociale du Sénégal en 2009* », ministère de l'Économie et des Finances.

Balassa, B. : "*Trade Liberalization and 'Revealed' Comparative Advantage*", 1965, The Manchester School, 33, 99-123.

Balassa, B. : "*'Revealed' Comparative Advantage Revisited*", 1977, The Manchester School, 45, 327-44.

Banque mondiale: *Implementation Completion Report: Agricultural Export Promotion Project*, 2004, Report n° 30 743, Banque mondiale, Washington, DC.

BCEAO (Banque centrale des États de l'Afrique de l'Ouest), *Annual Report, 2008*, Central Bank of West African States.

Cabral F.J. : « *La stratégie de croissance accélérée au Sénégal est-elle propauvre ?* », 2009, Groupe de recherche en économie et développement international, GREDI.

Cadre intégré étude diagnostique de l'intégration commerciale, « *Rapport, compétitivité du Sénégal : revue du cadre des affaires et de la promotion des exportations* », 2002, chapitre 1, tome 2, Sénégal, 28 mai 2002.

Chandra, Vandana : "*Technology, Adaptation and Exports: How some Developing Countries Got it Right*", ed. 2006, The World Bank, Washington DC.

Cimoli, M., Giovanni D. & Stiglitz J.E. : "*Industrial Policy and Development: The Political Economy of Capabilities Accumulation*", (2009), Oxford University Press, 2009.

Dahlman, Carl : "*Technology, Globalization, and International Competitiveness: Challenges for Developing Countries*", chapter 2 in "*Industrialization for the 21st Century*", 2008, David O'Connor and Monica Kjölerström, ed. United Nations (with Orient Longman and Zed Books).

Diarra, Abdoulaye : « Évaluation des filières d'exportation des fruits et légumes du Sénégal », 2003. Mémoire présenté pour l'obtention du Diplôme d'études approfondies (DEA), économie du développement agricole agroalimentaire et rural, École nationale supérieure agronomique de Montpellier, Université Montpellier I, Faculté de sciences économiques, septembre 2003

Dramani, Latif : « Création de richesse dans le secteur formel au Sénégal : quels principaux déterminants », *Oeconomica,* 2011, *vol 56, issue 3,* 2011 (p.93-127).

Folliet, Michel : « Ciment et croissance, tendances mondiales », 2009, *Société financière internationale.*

Hausmann, R. & Klinger B. : *Structural Transformation and Patterns of Comparative Advantage in the Product Space,* Aug. 2006, CID (Center for International Development) Working Paper n° 128, Harvard University.

Hausmann, R. & Klinger, B. : *The structure of the Product Space and the Evolution of Comparative Advantage.* CID (Center for International Development) April 2007, Working Paper n° 146, Harvard University, (shortened and revised version of CID 128).

Hidalgo, C.A., Klinger, B., Barabasi, A.-L. & Hausmann, R. : *The Product Space Conditions the Development of Nations.* Science Vol. 317, July 27, 2007, pp. 482-487.

Hausmann, R., Hwang, J., & Rodrik, D. ; *What you Export Matters.* Journal of Economic Growth, 2007, 12 : 1-25.

Hausann, R. & Rodrik, D. : *Doomed to Choose: Industrial Policy As Predicament.* Draft Paper for the first Blue Sky seminar organized by the Center for International development, Harvard University, Sept. 9, 2006.

Lall, Sanjaya : (2000a) *The Technological Structure and Performance of Developing Country Manufactured Exports, 1985-98.* Oxford Development Studies, Vol. 28, n° 3, 2000 (pp. 337-369).

Lall, Sanjaya : (2000b). *Selective Industrial and Trade Policies in Developing Countries: Theoretical and Empirical Issues.* Queen Elizabeth House (QEH), Oxford University Working Paper Series, QEHWPS48, August 2000.

Lall, Sanjaya : *Reinventing Industrial Strategy: The Role of Government Policy in Building Industrial Competitiveness.* Paper prepared for The Intergovernmental Group on Monetary Affairs and Development (G-24), 2003.

Lall, S., Weiss, J., & Zhang, J. : *The "Sophistication" of Exports: A New Trade Measure.* World Development Vol. 34, n° 2 (pp. 222-237), 2006.

Lin, Justin Y. & Monga, C : *Growth Identification and Facilitation - The Role of the State in the Dynamics of Structural Change.* Policy Research Working Paper WPS5 313, Development Economics, the World Bank, May 2010.

Magazine britannique International Cement Review – Londres, 6 avril 2011.

Maloney, William F. : *Missed Opportunities: Innovation and Resource-Based Growth in Latin America.* In Lederman, Daniel and William F. Maloney, ed., 2007, "*Natural Resources: Neither Curse nor Destiny*", The World Bank and Stanford University Press (2007).

Matsumoko, Yoshiko : « Sénégal : Pour une meilleure utilisation du potentiel agro-industriel », Business for development, OCDE, 2008.

Ndiaye, Mbalo : "*Senegal, Agricultural Situation, Country, Report 2007*", *USDA Foreign Agricultural Service.*

Ndieng, Momar : « Analyse des facteurs déterminants de la culture du coton au Sénégal » Institut africain de développement et de Planification (IDEP), août 2003, p. 79.

Ocampo : J. A., Rada, C. & Taylor, L. : *Economic Structure, Policy, and Growth.* In Ocampo, J. A. Rada, C., & Taylor, L. "*Growth and Policy in Developing Countries, A Structuralist Approach*", Columbia University Press, 2009.

Pan Africa « Lutte contre les ravageurs, sécurité alimentaire et coton biologie au Sénégal » A Report for Pan UK's Pesticides Poverty and livelihoods project, 2002.

Pitts, E. et Lagnevik, M. : *Measuring Food Industry Competitiveness.* In "Understanding Competitiveness", *séminaire de l'Association européenne des économistes agricoles*, 1998, Hollande.

Reinert, E.S. : *How Rich Countries Got Rich and Why Poor Countries Stay Poor.* Public Affairs Press, New York, 2007.

Rodrik, D. *Industrial Development: Some stylized facts and policy directions.* Chapter 1 in "*Industrialization for the 21st Century*", David O'Connor and Monica Kjölerström, ed., United Nations. (With Orient Longman and Zed Books).

UEMOA : *Rapport semestriel d'exécution de la surveillance multilatérale, 2008*, Union économique et monétaire ouest-africaine.

UNDP : *Annual Report, 2008*, United Nations Development Programme.

UNIDO : *Industrial Development Report, 2009.* United Nations Industrial Development Organization.

World Bank, Washington, DC, Development Data Platform.

World Bank. *Commission on Growth and Development.* Series. World Bank (2008-2010).

World Bank, *Doing Business.* Annual Series.

World Economic Forum, World Bank, and African Development Bank (2009). *The Africa Competitiveness Report (2009).*

Yusuf, S. & Nabeshima, K. : *Tiger Economies Under Threat: A Comparative Analysis of Malaysia's Industrial Prospects and Policy Options.* World Bank, Washington, DC, (2009).

Tableau 17 : part de marché mondial du top 10 des exportations, en valeur

	1980	1986	1990	1995	2000	2005	2009
Produits pétroliers raffinés	0,17	2,73	0,13	0,10	0,05	0,06	0,09
Engrais bruts	4,81	4,77	4,59	3,87	1,41		
Fixed vegetable oils, soft, crude refined or purified	1,77	1,40	2,14	0,48	0,87		
Fish, crustaceans and molluscs, prepared or preserved, nes	1,41	1,67	1,76		0,21		
Fish, fresh, chilled or frozen	0,75	0,71	0,66	0,50	0,48	0,40	3,96
Crustaceans and molluscs, fresh, chilled, frozen, salted, etc	1,07	0,72	0,35		0,83	0,52	0,52
Fertilizers, manufactured	0,34		0,26	0,44	0,12	0,15	
Feeding stuff for animals (not including unmilled cereals)	0,33	0,20	0,24		0,08		
Other crude minerals	0,40	0,45	0,23	1,16			
Cotton	0,24			0,42			
Crude petroleum and oils obtained from bituminous minerals					0,00	1,23	
Inorganic chemical elements, oxides and halogen salts		0,67	0,06	0,79	0,41	0,67	0,44

Seeds and oleaginous fruit, whole or broken, for "soft" fixed oil							
Cotton fabrics, woven (not including narrow or special fabrics)		0,22					
Paper and paperboard, precut, and articles of paper or paperboard				0,04			
Articles, nes of plastic materials				0,02			
Lime, cement, and fabricated construction materials						0,28	0,28
Motor vehicle parts and accessories, nes						0,02	
Rice						0,39	0,26
Perfumery, cosmetics, toilet preparations, etc						0,07	
Gold, non-monetary (excluding gold ores and concentrates)							0,16
Aircraft and associated equipment, and parts thereof, nes							0,02
Tobacco, manufactured							0,62
Iron and steel bars, rods, shapes and sections							0,03
Average market share of products above	1,13	1,35	1,04	0,78	0,45	0,38	0,64

Note : part de marché calculée pour les dix premiers produits (annuel)

Source : UN COMTRADE

Tableau 18 : Sénégal, Avantage comparatif révélé (ACR), 1980-2009

	1980	1986	1990	1995	2000	2005	2009
Petroleum products, refined	5,64	7,95	5,41	8,98	4,44	4,37	5,27
Fertilizers, crude	159,47	139,43	185,17	345,86	125,27		
Fixed vegetable oils, soft, crude refined or purified	58,5	41,09	86,35	42,68	77,02		
Fish, crustaceans and molluscs, prepared or preserved, nes	46,62	48,72	71,14		18,51		
Fish, fresh, chilled or frozen	24,96	20,88	26,8	4,49	42,77	26,95	26,95
Crustaceans and molluscs, fresh, chilled, frozen, salted, etc	35,4	21,12	14,03		73,33	35,46	35,46
Fertilizers, manufactured	11,35		10,48	36,61	10,53	10,31	
Feeding stuff for animals (not including unmilled cereals)	10,91	5,76	9,87		7,36		
Other crude minerals	13,2	13,13	9,3	10,39			
Cotton	8,05			37,13			
Crude petroleum and oils obtained from bituminous minerals					0,42	0,83	
Inorganic chemical elements, oxides and halogen salts		19,84	25,46	71,09	36,71	45,21	26,14
Cotton fabrics, woven (not including narrow or special fabrics)		6,44					

Paper and paperboard, precut, and articles of paper or paperboard				3,78			
Articles, nes of plastic materials				1,61			
Lime, cement, and fabricated construction materials						19,29	19,29
Motor vehicle parts and accessories, nes						1,14	
Rice						26,22	15,59
Perfumery, cosmetics, toilet preparations, etc						5,01	
Gold, non-monetary (excluding gold ores and concentrates)							9,38
Aircraft and associated equipment, and parts thereof, nes							1,58
Tobacco, manufactured							4,22
Iron and steel bars, rods, shapes and sections							2,31
Average RCA of above products	37,41	32,436	44,401	56,262	39,6359319	17,479	14,388

Note : Market share calculated for top 10 products, annually

Source : COMTRADE

Tableau 19 : évolution de la part des exportations dans la production dans les pays de l'UEMOA, 1997-2008

	1998	1999	2000	2001	2002	2003	2004	2005	2006	2007	2008
millions en USD											
UEMOA export	7 647	7 664	6 658	6 961	8 674	9 850	11 569	12 650	14 157	15 019	17 884
Part en pourcentage											
Bénin	5,42	5,5	5,89	5,37	5,17	5,49	4,92	4,57	5,19	6,97	6,53
Burkina-Faso	4,22	3,31	3,09	3,21	2,83	3,25	4,14	3,7	4,16	4,15	3,87
Côte d'Ivoire	60,23	60,82	58,4	56,66	60,86	58,77	59,82	60,85	59,88	57,73	56,85
Guinée-Bissau	0,35	0,67	0,93	0,9	0,63	0,66	0,66	0,71	0,52	0,71	0,7
Mali	7,27	7,45	8,19	10,41	10,1	9,42	8,44	8,7	10,95	10,36	11,16
Niger	4,37	3,74	4,25	3,91	3,22	3,57	3,78	3,78	3,59	4,42	5,01
Sénégal	12,65	13,4	13,82	14,4	12,31	12,76	13,05	12,47	11,26	11,15	11,52
Togo	5,49	5,11	5,44	5,13	4,89	6,07	5,2	5,22	4,45	4,51	4,35
Total	100	100	100	100	100	100	100	100	100	100	100

Sources : BCEAO et calculs des auteurs

Tableau 20 : Sénégal, évolution des principaux produits d'importation, 2004-2008

Année	**2004**	**2005**	**2006**	**2007**	**2008**
millions USD					
Total import	2 855	3 216	3 425	4 431	5 702
Part en pourcentage					
Dairy products, fruits and vegetables	4,11	4,00	4,16	4,07	3,82
Cereal Products	10,98	10,49	9,63	11,71	13,03
Oils and greases	3,90	3,44	3,45	3,63	3,77
Sugars and sugar products	0,58	1,23	1,55	1,17	0,74
Beverage and tabacco	1,38	1,45	1,52	1,70	2,29
Paper and paperboard	2,34	2,37	2,28	2,32	2,03
Petrolum products	18,47	19,25	21,43	21,67	19,32
Textils	2,29	2,09	1,86	2,02	1,71
Metals and fabricaded metal	7,50	6,79	6,19	6,43	6,66
Machinery	11,98	12,37	14,98	13,29	15,04
Transport equipement	5,78	8,50	7,36	6,83	7,25
Other products	30,69	28,03	25,59	25,15	24,36
Total	100	100	100	100	100

Sources : ANSD et calculs des auteurs

Tableau 21 : principaux résultats sur l'emploi en 2005

Population active	Population active occupée	Chômeurs	Population totale	Taux de chômage (en %)	Sources
2 231 085	2 049 052	182 033	6 900 000	8,2	RGPH 1988 (Sénégal)
407 301	309 186	98 115	1 488 941	24,1	RGPH 1988 (Dakar)
3 056 000	2 741 500	314 500	7 499 095	10,3	ESP 1991 (Sénégal)
564 124	411 847	152 277	1 566 657	27,0	ESP 1991 (Dakar)
585 222	442 132	143 090	1 566 657	24,5	ESMU 1991 (Dakar)
2 915 002	2 695 385	219 617	7 884 257	7,5	ESAM 1994 (Sénégal)
577 687	483 039	94 648	1 659 514	16,4	ESAM 1994 (Dakar)
531 058	481 482	49 576	2 012 303	9,3	EDMC 1996 (Dakar) (sens strict)
554 385	481 482	72 903	2 012 303	13,2	EDMC 1996 (Dakar) (sens large)
3 081 791	2 823 927	257 864	9 858 482	8,4	RGPH 2002
3 699 829	3 491 694	208 135	10 425 200	5,6	ESAM 2001/2002
3 081 791	3 309 716	219 617	11077484	7,1	ESPS 2006

Source : ANSD

Tableau 22 : Environnement des affaires

Indicateur	Rang	Source
Doing Business	157 sur 183 economies	World bank, 2010
Africa Competitiveness	104 sur 139	World Economic Forum, the African Development Bank and the World Bank, 2010
Institutions	76 sur 139 economies	World Economic Forum, the African Development Bank and the World Bank, 2010
Stabilité Macroéconomique	89 sur 139 economies	World Economic Forum, the African Development Bank and the World Bank,2010
Infrastructures	112 sur 139 économies	World Economic Forum, the African Development Bank and the World Bank, 2010
Higher education	110 sur 139 economies	World Economic Forum, the African Development Bank and the World Bank, 2010
Technologies	93 sur 139 economies	World Economic Forum, the African Development Bank and the World Bank
Secteur Financier	117 sur 139 economies	World Economic Forum, the African Development Bank and the World Bank, 2010
Corruption	99 sur 180 économies	Transparency International, 2009
Local business environment		National

Tableau 23 : Sénégal, part des produits d'exportation dans le total des exportations

	Exportations Traditionnelles			Exportations non traditionnelles		Exportations manufacturées non traditionnelles		
	Produits arachidiers	Produits halieutiques	Coton	Sel	Produits horticoles	Produits pétroliers (raffiné)	Phosphates et produits dérivés	Ciment
1992	15	40	7	2	0	3	34	0
1993	12	47	6	2	0	4	29	0
1994	19	46	4	2	0	3	25	0
1995	18	48	3	2	0	3	26	0
1996	14	51	3	1	1	4	27	0
1997	9	52	4	2	2	4	27	0
1998	10	54	4	2	2	3	26	0
1999	12	56	1	1	3	4	24	0
2000	17	49	1	1	2	8	21	0
2001	19	48	2	2	2	4	23	0
2002	12	45	2	2	3	6	30	2

2003	7	45	4	2	3	9	27	2
2004	5	45	4	2	3	9	29	4
2005	5	40	3	1	2	17	24	6
2006	6	29	2	2	3	43	8	7
2007	8	32	3	2	3	30	14	9
2008	2	28	2	2	2	33	22	8
2009	4	32	1	2		21	26	11

Source : BCEAO, calculs des auteurs

Tableau 24 : effectifs des salariés permanents dans les entreprises du secteur moderne

	Industrie Aliment.	Industrie Textile	Industrie Diverse	Bâtiment et TP	Commerce gros & Détail	Transport & télécoms	Hôtellerie et restaurants	Services	ENSEMBLE
1982	15 428	4 900	12 921	6 651	6 834	7 482	1 949	3 972	60 137
1983	12 057	5 139	14 174	7 549	8 214	7 229	2 621	3 431	60 414
1984	15420	4816	14604	4396	7833	10988	2672	3109	63838
1985	14 842	4 976	14 924	7 129	7 792	7 907	2 982	4 088	64 640
1986	14 997	4 974	14 424	3 795	7 058	7 529	3 020	4 296	60 093
1987	15 008	4 445	13 551	3 222	6 807	10 298	2 953	4 638	60 922
1988	14 472	3 590	13 361	3 139	6 820	10 327	3 312	4 736	59 757
1989	14 680	3 736	13 142	2 991	6 486	12 739	3 506	5 202	62 482
1990	12 048	4 045	12 913	3 641	6 328	12 387	3 862	5 266	60 490
1991	13 451	3 568	13 080	3 270	6 288	9 338	3 528	5 054	57 577
1992	12 462	1 867	12 293	3 508	5 109	10 412	2 912	3 407	51 970
1993	12 085	2 835	12 838	2 916	5 258	11 035	2 578	5 269	54 814
1994	15 274	2 779	12 879	3 090	4 778	10 728	2 532	2 697	54 757
1995	14 139	2 927	13 245	3 689	4 698	7 371	2 999	6 300	55 368
1996	15 287	2 948	13 923	5 699	5 058	9 382	3 205	6 126	61 628

1997	24 186	3 550	28 760	8 580	11 496	16 846	7 318	23 598	12 4334
1998	12 858	1 644	14 073	4 582	6 171	9 539	3 619	12 257	64 743
1999	14 146	3 012	14 742	5 580	6 989	13 448	4 017	12 969	74 903
2000	14 936	2 913	15 297	6 487	7 742	15 210	4 881	15 016	82 482
2001	15 869	3 320	16 168	1 0164	9 175	10 238	5 172	17 966	88 072
2002	17 505	3 202	17 814	12 690	8 983	11 294	5 770	23 229	10 0487
2003	18 029	3 355	18 411	13 582	10 345	17 059	5 983	22 395	10 9159
2004	20 871	3 821	18 745	10 635	10 950	17 086	6 857	22 904	111 869
2005	17 917	3 599	20 537	10 646	12 069	14 570	6 838	26 445	11 2621
2006	20 847	3 903	22 577	13 315	15 564	2 4016	9 244	35 915	145 381

Source : ANSD

Tableau 25 : effectifs des saisonniers dans les entreprises du secteur moderne

Années	Industrie Aliment.	Industrie Textile	Industrie Diverse	Bâtiment et TP	Commerce Gros & Détail	Transport & Télécoms	Hôtellerie Restaurants	Services Divers	ENSEMBLE
1984	10 654	751	2 060	1 188	1 422	1 974	523	344	18 916
1985	9 173	757	2 715	3 401	3 941	2 599	679	424	23 689
1986	10 426	974	3 191	3 364	1 149	201	2 307	636	22 248
1987	9 215	895	4 401	3 067	885	3 123	242	655	22 483
1988	7 882	947	2 670	2 641	1 538	3 658	632	254	20 222
1989	7 373	873	3 181	2 307	4 008	3 917	904	182	22 745
1990	9 612	693	3 192	1 656	1 793	3 748	610	479	21 783
1991	10 892	695	2 549	1 738	3 049	3 670	936	543	24 072
1992	7 087	685	3 857	0	1 111	11 885	696	484	25 805
1993	8 093	1 015	3 446	3 112	1 916	7 883	487	394	26 346
1994	9 058	932	4 322	2 609	3 700	7 282	686	3 489	32 078
1995	13 210	890	4 230	4 425	434	8 688	748	387	33 012
1996	12 762	873	5 701	4 537	1 628	9 790	636	282	36 209
1997	16 736	632	13 702	12 002	2 572	5 504	2 644	4 196	57 988
1998	15 207	258	6 893	5 436	1 412	2 956	1 499	3 007	36 668
1999	8 725	151	6 527	7 356	1 838	3 117	1 396	2 232	31 342

2000	12 359	178	6 049	7 762	1 264	2 205	1 639	2 466	33 922
2001	13 135	187	7 602	7 268	830	1 724	1 779	1 786	34 311
2002	11 401	223	8 709	6 862	1 604	1 478	1 711	2 269	34 257
2003	11 535	122	5 423	6 242	1 071	1 315	1 884	2 500	30 092
2004	13 028	78	6 045	8 970	797	1 022	1 865	2 682	34 487
2005	15 496	214	8 372	7 737	562	1 043	2 225	3 673	39 322
2006	19 154	75	8 033	9 204	705	882	2 957	4 589	45 599

Source : ANSD

Tableau 26 : effectif total des salariés dans les entreprises du secteur moderne

Années	Industries Aliment.	Industries Textile	Industries Diverse	Bâtiment et TP	Commerce Gros &Détail	Transport & télécoms	Hôtellerie Restaurants	Services Divers	ENSEMBLE
1984	26 074	5 567	16 664	5 584	9 255	12 962	3 195	3 453	82 754
1985	24 015	5 733	17 639	10 530	11 733	10 506	3 661	4 512	88 329
1986	25 423	5 948	17 615	7 159	8 207	7 730	5 327	4 932	82 341
1987	24 223	5 340	17 952	6 289	7 692	13 421	3 195	5 293	83 405
1988	22 354	4 537	16 031	5 780	8 358	13 985	3 944	4 990	79 979
1989	22 053	4 609	16 323	5 298	10 494	16 656	4 410	5 384	85 227
1990	21 660	4 738	16 105	5 297	8 121	16 135	4 472	5 745	82 273
1991	24 343	4 263	15 629	5 008	9 337	13 008	4 464	5 597	81 649
1992	19 549	2 552	16 150	3 508	6 220	22 297	3 608	3 891	77 775
1993	20 178	3 850	16 284	6 028	7 174	18 918	3 065	5 663	81 160
1994	24 332	3 711	17 201	5 699	8 478	18 010	3 218	6 186	86 835
1995	27 349	3 817	17 475	8 114	5 132	16 059	3 747	6 687	88 380
1996	28 049	3 821	19 624	10 236	6 686	19 172	3 841	6 408	97 837
1997	40 922	4 182	42 462	20 582	1 4068	22 350	9 962	27 794	88 922
1998	28 065	1 902	20 966	10 018	7583	12 495	5 118	15 264	77 006
1999	22 871	3 163	21 269	12 936	8827	16 565	5 413	15 201	83 133

2000	27 295	3 091	21 346	14 249	9 006	17 415	6 520	17 482	83 226
2001	29 004	3 507	23 770	17 432	10 005	11 962	6 951	19 752	80 106
2002	28 906	3 425	26 523	19 552	10 587	12 772	7 481	25 498	82 024
2003	29 564	3 477	23 834	19 824	11 416	18 374	7 867	24 895	73 301
2004	33 899	3 899	24 790	19 605	11 747	18 108	8 722	25 586	146 356
2005	33 413	3 813	28 909	18 383	12 631	15 613	9 063	30 118	151 943
2006	40 001	3 978	30 610	22 519	16 269	24 861	12 190	40 504	190 932

Source : ANSD

LISTE DES TABLEAUX

Tableau 1 : Évolution du PIB, de la population et du PIB/tête du Sénégal de 1980 à 2010, en millions de dollars US 14

Tableau 2 : Consommation, investissement et épargne en pourcentage du PIB 15

Tableau 3 : Sénégal, aide de 1980 à 2010 16

Tableau 4 : Évolution de la dette extérieure et du service de la dette au Sénégal (2000-2009) 17

Tableau 5 : Sénégal : évolution des transferts publics et privés en milliards de francs CFA 17

Tableau 6 : Décomposition sectorielle (% Valeur ajoutée primaire, industrie, autres industries et services) 22

Tableau 7 : Classement de la technologie des activités manufacturées (Lall classification, comme dans UNIDO 2009) 22

Tableau 8 : Agriculture (rendement/ha du principal produit de culture), Arachide (avec coque), le rendement en kg/ha (données brutes) 25

Tableau 9 : Sénégal : décomposition sectorielle des produits d'exportation (en pourcentage) 28

Tableau 10 : Répartition de la population active selon le statut d'occupation et la tranche d'âge, 2005 33

Tableau 11 : Population active occupée par branche d'activité (en % du total) 1980-2007 34

Tableau 12 : contribution à la création de richesses (valeur ajoutée) entre le secteur formel et informel, 1998-2008 (en %) 35

Tableau 13 : Sénégal, part du secteur moderne dans la valeur ajoutée globale (2003-2007) 53

Tableau 14 : Sénégal, évolution des volumes en milliers de tonnes et prix en FCFA/kg entre 2004 et 2010 pour les secteurs cimenterie, pétrole et sel 61

Tableau 15 : Les principaux concurrents du Sénégal sur le marché européen et la sous-région 72

Tableau 16 : Comparaison du Sénégal et de l'Île Maurice.......................... 77
Tableau 17 : Part de marché mondial du top 10 des exportations, en valeur.......................... 93
Tableau 18 : Sénégal, Avantage comparatif révélé (ACR), 1980-2009....... 95
Tableau 19 : Évolution de la part des exportations dans la production dans les pays de l'UEMOA, 1997-2008.......................... 97
Tableau 20 : Sénégal, évolution des principaux produits d'importation, 2004-2008.......................... 98
Tableau 21 : Principaux résultats sur l'emploi en 2005.......................... 99
Tableau 22 : Environnement des affaires.......................... 100
Tableau 23 : Sénégal, part des produits d'exportation dans le total des exportations.......................... 101
Tableau 24 : Effectifs des salariés permanents dans les entreprises du secteur moderne.......................... 102
Tableau 25 : Effectifs des saisonniers dans les entreprises du secteur moderne.......................... 104
Tableau 26 : Effectif total des salariés dans les entreprises du secteur moderne.......................... 106

Liste des graphiques

Graphique 1 : Évolution du taux de croissance de la valeur ajoutée brute du secteur formel au Sénégal (en millions de FCFA au prix constants de 1999) 19
Graphique 2 : Évolution du taux de croissance de la valeur ajoutée par macrosecteur (aux prix constants de 1999) 20
Graphique 3 : Répartition de la valeur ajoutée par macrosecteur en 2007 (en millions de FCFA aux prix constants de 1999) 21
Graphique 4 : Évolution des productivités du travail et du capital du secteur moderne 23
Graphique 5 : Sénégal, évolution des taux de croissance des principaux produits d'exportation traditionnelle 58
Graphique 6 : Sénégal, évolution des taux de croissance des principaux produits d'exportations non traditionnelles 59
Graphique 7 : Sénégal, évolution des taux de croissance des exportations manufacturées non traditionnelles 61
Graphique 8 : Évolution en volumes de quelques produits d'exportation du Sénégal (1992-2008) 62
Graphique 9 : Les exportations du Sénégal vers l'UEMOA (en millions de FCFA) 69
Graphique 10 : Part des exportations du Sénégal vers l'UEMOA sur le total des exportations (en millions de FCFA) 70
Graphique 11 : Revenu par tête de l'Île Maurice rapporté à celui du Sénégal 75

TABLE DES MATIÈRES

Sigle et abréviations 7

Introduction 9

Performances macroéconomiques 13
Thiam Ibrahima

Structure économique 19
Camara El Hadji Alioune, Dramani Latif, Thiam Ibrahima

Analyse du commerce extérieur 27
Camara El Hadji Alioune, Thiam Ibrahima

Analyse de l'emploi et des inégalités 31
Thiam Ibrahima

Environnement institutionnel 37
Dramani Latif

Analyse des trois produits à promouvoir pour les exportations 57
Camara El Hadji Alioune

Que faire ? 81
Dramani Latif

Conclusion 85

Références 89

Annexes 93

L'HARMATTAN, ITALIA
Via Degli Artisti 15 ; 10124 Torino

L'HARMATTAN HONGRIE
Könyvesbolt ; Kossuth L. u. 14-16
1053 Budapest

L'HARMATTAN BURKINA FASO
Rue 15.167 Route du Pô Patte d'oie
12 BP 226 Ouagadougou 12
(00226) 76 59 79 86

ESPACE L'HARMATTAN KINSHASA
Faculté des Sciences Sociales, Politiques et Administratives
BP243, KIN XI ; Université de Kinshasa

L'HARMATTAN GUINÉE
Almamya Rue KA 028 en face du restaurant le cèdre
OKB agency BP 3470 Conakry
(00224) 60 20 85 08
harmattanguinee@yahoo.fr

L'HARMATTAN CÔTE D'IVOIRE
M. Etien N'dah Ahmon
Résidence Karl / cité des arts, Abidjan-Cocody 03
BP 1588 Abidjan 03
(00225) 05 77 87 31

L'HARMATTAN MAURITANIE
Espace El Kettab du livre francophone
N° 472 avenue Palais des Congrès,
BP 316 Nouakchott
(00222) 63 25 980

L'HARMATTAN CAMEROUN
Immeuble Olympia face à la Camair
BP 11486 Yaoundé
(237) 458.67.00/976.61.66
harmattancam@yahoo.fr

L'HARMATTAN SÉNÉGAL
« Villa Rose », rue de Diourbel X G, Point E
BP 45034 Dakar FANN
(00221) 33 825 98 58 / 77 242 25 08
senharmattan@gmail.com

L'HARMATTAN MALI
Rue de Leipzig, face au Palais de la culture,
Porte 203, Badalabougou, Bamako
00 223 20 22 57 24 / 00 223 76 37 80 82
pp.harmattan@gmail.com

Achevé d'imprimer par Corlet Numérique - 14110 Condé-Sur-Noireau
N° d'imprimeur : 98582 - Dépôt légal : juin 2013 - *Imprimé en France*

Made in the USA
Monee, IL
06 November 2026

67383145R00066